人才战略学

夏德峰　卜凡　编著

郑州大学出版社

图书在版编目（CIP）数据

人才战略学／夏德峰，卜凡编著. -- 郑州：郑州大学出版社，2024.6
ISBN 978-7-5773-0249-2

Ⅰ.①人… Ⅱ.①夏…②卜… Ⅲ.①人才学 - 高等学校 - 教材
Ⅳ.①C96

中国国家版本馆 CIP 数据核字（2024）第 064600 号

人才战略学
RENCAI ZHANLÜE XUE

策划编辑	王卫疆　胥丽光	封面设计	苏永生
责任编辑	胥丽光　王琼桢	版式设计	苏永生
责任校对	吴　静	责任监制	李瑞卿

出版发行	郑州大学出版社	地　　址	郑州市大学路40号（450052）
出版人	孙保营	网　　址	http://www.zzup.cn
经　销	全国新华书店	发行电话	0371-66966070
印　刷	郑州宁昌印务有限公司		
开　本	710 mm×1 010 mm　1／16		
印　张	12.5	字　　数	193 千字
版　次	2024 年 6 月第 1 版	印　　次	2024 年 6 月第 1 次印刷

书　号	ISBN 978-7-5773-0249-2	定　　价	49.00 元

本书如有印装质量问题，请与本社联系调换。

前　言

　　人才战略是国家为实现经济和社会发展目标,把人才作为一种战略资源,对人才培养、吸引、使用和服务做出重大的、宏观的、全局性的构想与安排。党的二十大报告提出,"深入实施人才强国战略",将人才强国战略与科教兴国战略、创新驱动发展战略进行了集中论述,在更高目标上对人才强国做出顶层设计。让人才的潜能得到激发、潜力得到释放,充分发挥人才优势。深化人才发展体制机制改革,激发人才创新创造活力,把各方面优秀人才集聚到党和人民事业中来,需要实施更加积极、开放、有效的人才政策。新时代人才强国战略的提出和实施既具有时代性、实践性和发展性,也具有理论性、特色性和科学性,是推动新发展阶段人才工作高质量发展的根本遵循。

　　本书在阐述人才战略概念范畴、人才战略与社会经济发展的关系、当今人才战略发展的时代特征等内容基础上,进一步探讨人才战略管理、人才战略管理政策实践创新以及人才战略管理的国际做法,比较了世界主要国家的人才战略政策实践,为新时代我国人才战略发展提供借鉴。本书结合时代背景,经济发展与人才战略的关系,将人才作用嵌入国家发展和国际竞争大局,丰富和拓展了人才价值论,系统探讨了数字时代人才战略面临的新问题、新情况。本书提出,理解人才战略,要有文明交流互鉴的视角,探寻人类关于人才战略的共同价值和实践历史;理解人才战略,要深刻把握"两个结合"的科学内涵,理解我国人才战略的文化渊源,中国共产党关于人才战略历史实践的理论根基,锚定人才战略的价值"坐标"。在建设新时代社会主义现代化强国的关键历史时期,要不断突出"人才"的重要性,构建人才优先发展战略布局。

我国人才战略的实施面临着国内外形势变化的巨大挑战,人才强国战略、科教兴国战略和创新驱动发展战略被赋予了新的内涵和新的时代要求,相应的人才理念、人才体制机制以及人才结构布局也要与新时代的战略要求相适应。本书系统回顾了我国建设人才强国的历史进程、历史成就和历史变革,将人才强国战略的继承发展、理论创新和实践探索有机统一起来,既有纵向梳理,又有横向分析,既有理论和学术探讨,又有大量的实践结合,篇章布局将时代性热点案例和关注的议题相结合,可读性强。

本书历时将近两年,初稿来自课堂授课的讲稿,经过数次的课堂探讨、修改和完善,最终成书。限于编写条件和水平,本书中还存在需要进一步完善和提高的地方,恳切希望大家批评指正。在课堂讨论和书稿的撰写过程中,霍丽潼、陈小凤、刘振鹏、杨蕊、程贺欣、宗申奥、杨婧、单筱轩、王颖、牟金铭、刘超、李天琦、赵瀚宇等同学为本书的案例选择、资料搜集、修改校对等付出大量的精力,在这里对她(他)们的付出表示感谢!

作为基础知识,本书既可以作为人力资源管理专业、MBA 和 MPA 学员学习的教学参考书,也适合从事各级组织部门和政府人力资源管理部门工作者使用。

目　录

第一章

绪　论

【案例导入】

华为的人才战略

华为的人才战略主要有六个方面：人力资源管理要支撑公司未来的使命、愿景与竞争优势；将战略能力中心建到战略资源聚集地区；建立公正和公平的价值评价与分配制度；坚持从成功实践中选拔干部；战略性制度化地管理人力资源流动；以物质文明巩固精神文明，以精神文明促进物质文明。《华为基本法》提出公司成长要有四大牵引力——机会、人才、技术和产品，这四种力量相互影响、相互作用，从机会到产品一环牵引着一环。

人才战略之一：人力资源管理要支撑公司未来的使命、愿景与竞争优势

华为走到前沿以后，面临的最大挑战就是直面不确定性，所以，想把方向看得很准是不容易的，所以只能是大致正确。另一个关键则是组织要充满活力。当组织有足够的活力之后，战略上即便可能一时没有看准，也能及时调整过来。从这个意义上来说，这一点可能还更重要。

华为的愿景是将人力资本增值目标置于财务资本增值目标之前，前者优先于后者。从薪酬的水平来看，华为现在已经进入世界顶尖的高科技公司的薪酬水平行列。截至2022年底，华为拥有20.7万员工，55.4%都是科研人员，总薪酬大概在300亿美元的水平上。那么这样一个薪酬水平会带来什么问题？一旦这个产业出现周期性调整的时候，有刚性特征的薪酬水平，就会给公司的成本带来很大的压力。许多公司会在这个问题上产生动摇，然而，如果企业没有高薪酬的话，想要吸引高素质的人才，那么其基本条件就不具备。

华为解决这个问题的策略是：一方面，坚持高薪酬，另一方面，华为进一步加大创新的投入和数字化转型变革的投入。这样一来，华为显著地提高了劳动生产率，提高了运营效率，使得其自身出现了一种行业内最佳的状态：在业界内将人均薪酬达到最佳水平，并在行业内将总薪酬占销售收入的比例上凸显竞争力。

人才战略之二：将战略能力中心建到战略资源聚集地区

人才在哪里，华为就在哪里。

华为已经是全球性的公司，不能仅依靠中国的资源领导世界，特别是华为以前的优势是中国人力成本的红利以及工程师的低成本。

2002 年华为有一个测算，华为投入的研发规模做出来的产品和竞争对手相比，比如说爱立信、诺基亚，北电网络（北电）做出同样质量、同样技术水平的产品，投入的资金数字是差不多的，只是差一个汇率。换言之，那些外资巨头投入 200 多亿美元，华为这边投入的则是 200 多亿元人民币，就能做出大体同样质量的产品。当时的优势就这么明显，但是今天已经不是这种情况了。

所以，华为近些年的一大举措，就是加大研发的投入。

华为 2022 年研发投入 238 亿美元①，近十年来超过 1000 亿美元，研发投入排名全球前五。华为等中企之所以会被美国"卡脖"，就是因为缺乏核心技术，华为能够"活"下来，也是靠自研核心技术，这就说明，坚持自研，掌握核心技术，是中企自我保护的唯一选择。数以万计的研发专家，再匹配上这么高强度的投入，势必能够做出一些顶尖的科研成果来。

此外，华为还把战略能力中心分布在世界各地，例如一些分布在世界各地优质资源聚集地的研究中心。华为的研发方面的规划，从 2011 年开始就

---

① 华为投资控股有限公司 2022 年年度报告. https://www.huawei.com/cn/annual-report/2022.

把研究在组织上划分开来了。划分开来以后，华为整个的研发机制有了一个很大的定位调整。如同任正非所预见，研究是面向不确定性的，它是技术导向的，而开发则是面向确定性的需求，是客户需求导向，是商业成功导向，是确定性的。所以，这两个性质完全不一样，管理的方式也不一样。

这些分布在世界各地的战略能力中心，更多是一些具有研究性质的科研机构。另外，还有风险控制，特别是从财务这个角度来说的风控也在海外。例如华为的财务风险控制中心就是设在伦敦。华为的运营风险和项目管理运作的风险控制中心是设在日本，而华为的宏观风险控制中心则设在纽约。这些都体现出华为把战略能力中心建到了战略资源聚集地区。

人才战略之三：建立公正和公平的价值评价与分配制度

华为信奉按贡献拉开分配的差距，绝对不让奉献者吃亏。换言之，公司不是为素质付酬，而是为结果、为责任付酬，所谓高素质的员工，就是他一定是能够做出更优秀的绩效。

根据华为的价值观，如果一些高潜质员工没有从业绩上表现出来，那就可能是由于两个方面的问题：①人力资源管理没有把他放在合适的位置上，他的作用没有充分发挥出来；②他的整个知识和能力结构可能出现了问题。

人才战略之四：坚持从成功实践中选拔干部

华为的人才战略，一直秉持从成功实践中选拔干部的原则。特别是对高级干部的选拔。

"过去我们的干部都是'直线'形成长，对于横向的业务什么都不明白，所以，现在我们要加快干部的'之'字形发展。我们强调'猛将必发于卒伍，宰相必取于州郡'。今天我们将各部门一些优秀的苗子，放到最艰苦地区、最艰苦岗位去磨炼意志，放到最复杂、最困难的环境，锻炼他们的能力，促进他们的成长。想当将军的人必须走这条路。"任正非对这一问题的思考，也被概括为"三优先原则"：①从成功团队中优先选拔干部；②从主攻战场，一线和艰苦地区优先选拔干部；③从影响公司全面发展的关键事件中优先考察和选拔干部。所以，华为也曾明确规定，机关干部必须海外锻炼，机关干部也可以不去，但是其想从内部升起来就应该要到海外去，这几乎成了硬性的规定和导向。

人才战略之五：战略性制度化地管理人力资源流动

"之"字形的高管成长路径及选拔路径，正是一种战略性的流动。此外，华为对那些在业绩方面有突出贡献的基层员工加大了破格提拔力度。这个指导思想，正如任正非此前所说，是为了使优秀员工在最合适的岗位上，在最佳的年龄阶段做出最佳的贡献，并得到相对合理的回报。

同时，华为也会在内部拉开薪酬差距。从整个科技界来看，优秀的员工最佳的工作年限，大概就是在十几年左右，他的创造力、学习能力以及精力在这段时间都是最旺盛的，进取心也是最强的。如果这段时间不能把这些优秀的员工放在合适的岗位上，那其实就等于把这个人才浪费了。一些优秀的人才之所以有时候会离职，很重要的一方面原因正是和这个有关系。如果他在人力资本增长最快的这段时间，不能够有很好的机会得到很好的使用和发挥的话，他一定会去寻找能够使自己更有潜力做出突出表现的机会。

这对人力资源管理其实是一个非常大的挑战。华为近年的人才招聘特点，就是新员工的潜质越来越高。以华为2022年校招的数据为例（不全面统计），西安电子科技大学783人排名榜首，哈尔滨工业大学475人，华南理工大学467人，东南大学414人，上海交通大学402人，总体结构以硕博研究生为主。整个华为的校园招聘，目前越来越集中在人们通常所认知的这些名校中。这些优秀员工进到华为以后，不出三五年应该可以熟悉华为的运作，熟悉华为这套文化与机制。如果华为不能给他们，特别他们其中的卓越优秀者足够好的成长空间，顶级人才或许就会走掉。当然，从目前来看，华为在业内是做得非常不错的企业之一。另外，长期来说，对部分业绩表现长期不佳的干部和员工，华为实行末位淘汰制度，这一机制对整个企业的员工队伍也能起到重要的新陈代谢作用。

人才战略之六：以物质文明巩固精神文明，以精神文明促进物质文明

除了发挥各种物质层面的激励作用，华为其实也非常看重精神方面的激励作用。实际上，如何将精神文明与物质文明有机结合是华为目前重点关注的问题，让两种文明相互促进，充分发挥这两种文明的驱动作用。

对此，任正非曾在高层管理会议上，做出过系统性的规划：我们要建立一个荣誉累积制度,作战英雄得到的荣誉,累积起来对他们的未来要有好处。比如在艰苦地区工作了,在健康保障上有哪些好处?要制定一个福利计划。这样我们就让荣誉有价值了。

当今世界的竞争说到底是人才竞争。从公司零起步创业到 2019 年全年营收 8588 亿元,华为只用了 30 余载。2019 年《财富》世界 500 强排行榜显示,华为已跻身全球前百强,位居第 61 名。2023 年华为营收额重新回到 7000 亿元,较 2022 年增长约 9%。华为的快速发展与其优秀的人才战略息息相关,人才战略管理在企业发展中发挥重要作用。

(来源:wyouc.个人图书馆,有删改)

第一节　导论

一、研究背景

21 世纪以来,新一轮的科技革命席卷全球,高新技术与新能源成为代表力量,世界经济贸易的深化进一步将人员、资金、技术、资源紧密联系起来。世界经济体系的格局日趋明朗,国际分工在维度与深度上不断拓展,国与国之间、区域与区域之间在经济、科技、资源、文化上竞争更加频繁和激烈。在这种形势下,各个国家对高素质人才的争夺如饥似渴。创新成为世界经济发展的原动力,在科技教育、人才资源上的竞争都影响一国的综合国力。人才是一种特殊的资本,它独特的创造性能使一个国家、一个地区、一家公司产生独有的竞争力,作为国家最重要资源——人才资源已成为国家核心竞争力的重要组成部分,人才资源已成为重要的战略性资源。

目前,世界各国在大力吸引外国人才的同时,也在加紧本国人才培养,许多国家都出台了人才战略规划,以求在激烈的国际竞争中立于不败之地,取得竞争优势。老牌资本主义国家如英国、美国、日本等早已推出了各种人才政策来解决国内人才问题,并已取得了一定成效。我国在全面进入小康社会后,中央多次召开会议研究人才战略并制定相关政策,人才战略已经逐步上升为国家战略,把人才的选、管、育、用的现代化作为推进社会主义现代化建设的重要任务,凸显出国家对人才的重视与期盼。中国虽然在经济全球化中分享了巨大的经济红利,但也面对着多方面、多维度的竞争压力,特别是在科技与人才上。没有高素质人才就无法推动科技创新,没有科技创新就无法避免关键领域"卡脖子"的问题。因此,推动创新驱动发展战略,要有效吸引、培育和发挥高精尖人才的价值,理清人才成长的基本规律,切实抓好党中央各项人才战略与措施,加快建设一支具备高素质、高竞争力的人才队伍。

在这样的背景下,怎样做好我国的人才工作,努力营造一个吸引人才、留住人才、用好人才的良好社会环境和机制,充分利用国际国内两种人才资源和两个人才市场,实现社会主义和谐社会的重任,是摆在我们面前的一个非常重要、非常紧迫的问题,这关系到国家和民族的命运,关系到社会主义的命运。在新时代,面对百年未有之大变局,我国人才战略的实施也面临着国内外形势变化的巨大挑战,人才强国战略、科教兴国战略和创新驱动发展战略被赋予了新的内涵和新的时代要求,相应的人才理念、人才体制机制以及人才结构布局也要与新时代的战略要求相适应。在建设社会主义现代化强国的关键历史时期,要不断突出人才的重要性,构建人才优先发展战略布局。

二、研究对象

"战略"最早是军事方面的概念,指军事将领指挥军队作战的谋略。战略是为实现全局目标而进行的一种从宏观视角出发,对全局重大问题的布局与谋划。人才战略是国家为实现经济和社会发展目标,把人才作为一种战略资源,对人才培养、吸引、使用和服务做出的重大的、宏观的、全局性构想与安排。人才战略上升为国家战略本质上就是将人才视为一种战略性核心资源,是影响国家综合竞争力的核心要素。在投资领域将人力资本置于最主要地位,加强对核心人才即专业型、技能型人才的吸引、培育和管理。国家人才战略要与国家总体战略布局与发展规划相适应,使人才通过合理的成长路径进而发挥其自身价值,推动产业升级、技术进步与制度创新。而如何吸引、培养、使用和管理人才,让人才的潜能得到激发、潜力得到释放,充分发挥人才优势与最大化人力资源效益则是人才战略研究的核心问题。人才战略学是研究人才成长的基本规律和人才与国家、社会和组织发表目标相适应规律的一般学说。

三、基本内容

2002 年,党中央、国务院制定的《2002—2005 年全国人才队伍建设规划纲要》将人才战略具象到"人才强国战略"[①],说明国家对于人才的重视,将人才与国家联系起来,体现了人才在国家现代化建设中的重要地位。实施人才战略首先在于树立一个良好的价值观念,即人才资源与人才战略是第一资源与第一战略的根本观念,这符合我国国情与社会发展的客观规律。

党的二十大报告提出,要"深入实施人才强国战略"[②],作为实现人才发展战略的重要工具——人才规划,一直是党和国家强调的重点工作。中国的人才战略是我国经济社会发展战略的重要组成部分,是关于人才资源发展的总体谋划、总体思路。人才强国战略的核心是"人才兴国"。我国的人才强国战略可从以下两个层面进行理解:①充分开发人才资源,人才基本素质得到全面提高,使我国从人口大国转变为人才强国;②重点加强人才机制创新,通过人才政策制度的不断优化,增强对人才的吸引力和凝聚力,广纳各类人才,为国家迅速发展奠定坚实的人才基础。要贯彻实施人才强国战略,坚持人才优先发展战略,以人力资源建设为主体,以调整和优化人才结构为主线,以改革创新为动力,不断做好人才工作。我国的人才战略体系尚未成熟,将人才问题上升到战略高度时间较短,人才战略历史传统相对缺乏,对人才战略的认识仍需经历长时间的探索与研究。我国改革开放 40 余载,国民对于社会全面协调发展、现代化发展以及发达国家发展历史的认识

---

① 《2002—2005 年全国人才队伍建设规划纲要》,《人民日报》,2002 年 6 月 12 日,第 1 页。

② 习近平:《高举中国特色社会主义伟大旗帜 为全面建设社会主义现代化国家而团结奋斗》,《人民日报》,2022 年 10 月 26 日,第 10—11 页。

仍需提高。因此,人才对于我国未来发展起着极其重要的作用,如何制定人才战略及其今后的发展规划更是重中之重。

本书阐述人才战略的基础内容、人才战略与社会经济发展的关系、当今人才战略发展的时代特征等基础内容。在此基础上进一步阐释习近平新时代人才工作新战略、人才战略管理、人才战略管理政策实践创新以及人才战略管理的国际比较,探讨当今人才战略的发展进程,并通过对其他国家人才战略的发展进行描述,进而可以了解国内外人才战略的不同发展路径,为我国人才战略发展提供借鉴。

四、研究意义

1. 理论意义

人才资源是国家的重要战略资源,人才在政治、经济、社会、文化和生态文明方面发挥着重要的作用,是国家各个层面能够高效运转的重要支撑,是国家强盛的关键因素。我国进入中国特色社会主义事业的新时代,面临着新的挑战与机遇,是新的攻坚克难的阶段,对新时代推动人才强国战略的实现路径进行科学系统的研究是学界的应有之义。通过对人才强国战略的深度剖析,将新时代的要求融入其中,不断发现人才战略实施过程中所出现的新问题,有效结合国家宏观政策,把握整体思路,从而提出科学、系统、有效的实现路径。本书的主要目的在于能够为人才强国战略的顺利推进提供有价值的思路,丰富人才战略理论的时代内涵,丰富和发展马克思主义人才学说。

2. 实践意义

党的二十大提出"实施创新驱动发展战略",坚持面向世界科技前沿、面向经济主战场、面向国家重大需求、面向人民生命健康,加快实现高水平科技自立自强①。我国正处于经济转型的关键期,创新驱动在一定程度上可以理解为人才驱动,因为创新是人的创新,任何事物、事件的重大发现与突破

---

① 习近平:《高举中国特色社会主义伟大旗帜 为全面建设社会主义现代化国家而团结奋斗》,《人民日报》,2022 年 10 月 26 日,第 10 页。

不是自然涌现的,而是靠人才发现与推动产生的,因而新时代人才工作重心就是要实现人才作用与社会主义现代化建设的辩证统一。本书通过对人才战略发展实践的整体性研究,立足于新时代人才与人才战略的辩证关系,总结归纳国内外人才战略的经验,对新时代面临的问题进行剖析,提供与新时代人才战略要求相适配的政策建议。坚持人才强国战略,加快高素质人才队伍建设,不断优化现有人才结构,充分发挥人才对社会主义现代化建设的引领作用,积极发掘人才以满足我国社会主义事业的发展需求,从而为实现中华民族伟大复兴的中国梦注入智力支持。

五、研究方法

1.文献研究法

文献研究法主要指搜集、鉴别、整理文献,并通过对文献的研究形成对事实的科学认识的方法。本书通过文献研究法归纳总结人才战略学的历史发展和研究现状,并结合习近平新时代中国特色社会主义理论,为本书的撰写提供重要的理论支撑。

2.比较研究法

纵向研究人才战略的历史脉络和发展历程,横向比较人才战略国内外的特点,奠定人才战略学的分析框架和理论基础。

3.理论与实践相结合的方法

任何理论都离不开实践的检验,脱离实践的理论是不科学的,因此人才战略的理论要结合我国特色社会主义伟大实践,针对现实问题进行分析,并从人才战略实践中提炼理论。

4.系统分析的研究方法

本书的研究领域涉及多个学科,包括历史学、政治学、管理学、经济学、教育学等,综合运用多学科的理论成果,提出科学系统的人才战略实施路径。

第二节　国内外的相关理论研究

一、国外人才战略学的理论研究

国外人才概念最早是由美国人力资源学者舒勒和沃克提出的。生于奥地利的美籍管理学家、现代管理学之父的彼得·德鲁克1954年在其著作《管理的实践》中首次提出了"人力资源"的概念[1]。他认为人力资源与其他资源的首要区别在于它是人,并且他还指出了人力资源独有的素质——协调力、判断力、想象力等。世界级领先的全球管理咨询公司麦肯锡公司在1997年创造性提出了"人才战争"一词,引发了全球学者对于人才竞争与人才战略等研究的兴趣,为该领域科研指明了方向。

美国著名经济学家西奥多·舒尔茨在其著作《论人力资本投资》中提出了人力资本理论,并认为人力资本有几个方面的组成部分,如教育投资、医疗保健投资和劳动力迁徙等。将人力资本引入人才领域问题与矛盾的解决当中,将探究解决人力资本问题细化分解到教育、医疗福利与劳动力迁徙等问题上[2]。

第三代心理学的开创者亚伯拉罕·马斯洛于1943年在其著作《动机与人格》中提出了著名的马斯洛需求层次理论,他将人的需求层次分为了呈金字塔状的5个层次——生理需求、安全需求、社交需求、尊重需求、自我实现需求。并认为只有在上一需求层次得到满足后才会有意识地追求下一需求层次,这是一种关于需要结构的理论,以旧版的五级需求传播最为广泛[3]。

美国耶鲁大学行为学家教授、心理学家克雷顿·奥德弗在1969年《人

---

① 彼得·德鲁克:《管理的实践》,齐若兰译,机械工业出版社,2007,第47页。
② 西奥多·W.舒尔茨:《论人力资本投资》,吴珠华等译,北京经济学院出版社,1990,第1页。
③ 亚伯拉罕·马斯洛:《动机与人格》,许金声等译,华夏出版社,1987,第40-68页。

类需求新理论的经验测试》一文中对马斯洛需求层次理论进行了发展,将人的需求分为了生存(Existence)、关系(Relatedness)、成长(Growth)3 种需要层次,并称为"ERG 需要理论"。他认为解决人的问题要从人的需要入手,只有基本需求被满足才能有更深层次的需求。3 个需求层次中任何一个的缺少,会促使人们转而追求高一层次的需要或是更多地追求低一层次需要,与马斯洛不同的是他认为人们追求需要的层次顺序并非严格的从浅入深或是必定递增的关系,因而激励措施可以是多样化的。

德裔美国心理学家库尔特·勒温指出了人才的流动与人才成长和发展环境之间的联系。他探讨了人才流动的部分原因[①]。美国学者库克发现了一种曲线(Kuck curve),其函数关系显示了员工创造力的发挥程度与在某岗位上的工作年限之间的规律,并由此得出结论:人的一生就是在不断开辟新工作领域的实践中来激发和保持自己的创造力的。

普莱斯建立了有关员工流出的决定因素和干扰变量的普莱斯模型,认为人才就是在流动的过程中不断适应不同环境来获得不同的创造力的,并总结了人才流动的几个干扰变量——工资、融合性、基础交流、正规交流、集权化。

美国耶鲁大学工业关系和社会学教授爱德华·怀特巴克在《人力资源功能》中提出了管理者和员工是共生体,而不是各自为生的观点;布莱克·贝克尔、理查德·贝蒂在其共同撰写的《如何让人才转化为战略影响力》中指出弄清哪些人才对企业作出了战略性贡献是制定人才战略的第一步,提出对不同人才的战略能力要进行分类。理查德·L.达夫特和多萝西·马西克在其《管理学原理》一书中指出,战略性人力资源管理是把公司战略与人力资源管理相联系,主要包括以下三方面内容:如何做到有效劳动力的吸引(计划、招聘、选拔)、如何开发劳动力的潜能(培训开发、绩效考核)、如何留住有效的劳动力(薪酬福利、升迁解雇)[②]。

综上所述,西方学者对于人力资源与人才战略的各种观点基本是从企

---

① 库尔特·勒温:《拓扑心理学原理》,高觉敷译,商务印书馆,2003,第 14 页。

② 理查德 L.达夫特,多萝西·马西克:《管理学原理》,高增安等译,机械工业出版社,2018,第 125–133 页。

业本身利益出发,并通过科学的考证与测量,形成了具有可操作性的人才管理方案。

二、国内人才战略学的理论研究

1. 关于人才和人才强国的内涵研究

在中国,国内学者认为人才战略是一套与战略目标相结合的有意识选择的结果。在一千多年前,人才的概念早已在我们的诗文中萌发——"君子能长育人材,则天下喜乐之矣。"出自《诗经》的这句诗意为:君子如果可以培育人才,那么全天下的人都会非常喜欢他。从历史长河来看,古代君王求贤若渴的典故不胜枚举。随着社会的变迁与进步,我国对人才教育愈发重视,人才开发成了提升国家竞争力的重要因素。在概念上,国内大多学者把人才定义为那些具备特殊技能与知识且能对周围人或社会产生影响的人。

国内学界重视对人才问题的研究,通过不断探索并构建了人才学的理论体系,并根据研究人才问题的侧重点不同提出了不同的定义,从不同侧面和角度阐释其内涵。彭剑锋、朱兴东等认为"人才强国"的含义可分为两层:首先是人才作为战略性资源,依靠其使国家强盛的过程,其次是国家中人才的数量与规模作为战略优势为社会经济发展做支撑[1]。从过程的视角来看,郭秋琴认为,人才强国需要通过人才资源的开发,依靠高素质人才队伍以强盛国家[2]。从人才强国的标准来看,彭剑锋、朱兴东认为应当有以下多种标准来考量:人才总量素质结构、人才国际竞争优势、人力资本投资、人才贡献度、人才环境等[3]。沈荣华提出了在坚持党管人才原则下需要解决的六大问题,即战略管理、领导体制、法律法规体系、考核机制、对外开放和投入层面等[4]。

---

[1] 彭剑锋,朱兴东:《论"人才强国"的科学内涵及其系统推进》,《中国人才》2004年第1期,第39页。

[2] 郭秋琴:《中国共产党人才强国战略思想形成及价值研究》,硕士学位论文,苏州大学,2008,第13页。

[3] 彭剑锋,朱兴东:《论"人才强国"的科学内涵及其系统推进》,《中国人才》2004年第1期,第39-40页。

[4] 沈荣华:《习近平人才观的核心:聚天下英才而用之》,《人民论坛》2017年第15期,第15页。

随着社会经济的不断发展，国内学界对于人才战略的认识逐步深化，形成了科学的理论框架体系，为发现人才、培养人才、管理人才以及人才效能的最大化提供了理论基础。2017年习近平总书记在党的十九大报告中宣布中国特色社会主义进入新时代，在新的历史方位下，也为人才强国战略赋予了新的内涵。党的二十大后我们党的中心任务是：团结带领全国各族人民全面建成社会主义现代化强国、实现第二个百年奋斗目标，以中国式现代化全面推进中华民族伟大复兴。这给人才工作提出了新要求、新思考，学界对人才战略的研究在此时代背景下也愈发深入。

2. 人才强国战略的体制机制相关研究

学界对于人才强国战略的内涵的观点大体相同。王通讯认为人才强国战略是通过优化人才队伍来实现国富民强的系统规划，这种思考具有全局性、长远性与系统性①。程达刚、何元茂、张宏在其著作《人才战略理论与方法》中提出了六大战略方针，并从4个角度对战略目标与任务进行了规划②。对于人才强国战略的实施层面，学者主要从两个维度展开分析：①结构性维度，王通讯从人力资本角度展开研究，同时将人才资源结构、人事制度与环境层面的战略作为人才强国战略的路径思考③；②体制机制层面，孙锐认为人才强国战略的实施与4个要素紧密关联：中国特色人才战略体系、集聚人才的体制机制、人才创新发展、人才战略规划实施评估机制④。王明杰认为人才资源日益受到关注，对人才战略的研究需要有开放多维的视野⑤。张树良指出了人才战略对国家发展举足轻重，美、日等发达资本主义国家通过有效的国家人才战略得到了飞速发展，在新兴经济体国家的崛起过程中，一个适用有效的人才战略也是必不可少的⑥。段莉指出人才战略的实施是人才

① 王通讯：《论人才强国战略的科学内涵》，《中国人才》2003年第5期，第42页。
② 程达刚，何元茂，张宏：《人才战略理论与方法》，党建读物出版社，2017。
③ 王通讯：《基于人才强国战略的人才资源开发》，《中国人才》2005年第3期，第18页。
④ 孙锐：《实施新时代人才强国战略：演化脉络、理论意涵与工作重点》，《人民论坛·学术前沿》2022年第18期，第98-100页。
⑤ 王明杰：《发达国家人才战略的比较》，《中国人才》2005年第8期，第77页。
⑥ 张树良：《主要新兴经济体国家人才战略浅析》，《科技管理研究》2012年第7期，第122页。

战略的落脚点,并认为人才战略与经济战略的重要性是同等的①。程达刚围绕人才战略主题,结合我国的实际情况对人才战略的定义及特点进了阐释,对于如何制定和规划人才战略也提供了一些可行做法,为研究制定人才战略提供了理论指导②。

3. 关于新时代推进人才强国战略的实现路径研究

关于新时代如何推进人才强国战略实现路径的研究,我国学术界研究成果还不深入,多以新发展理念和引领人才工作的视角分析,并且整个研究着手点仍停留在宏观层面,新时代人才工作困境与成因分析的研究较少。关于人才强国的实现路径,已有成果可以分为两个方向:①整体系统研究;②具体路径研究。国内部分学者开展的整体系统研究,如吴江在《人才强国》中从队伍建设、工作机制、战略管理、投入、特区建设等方面详细论述了如何进行人才强国建设③;还有部分学者提出了具体路径的思考,王小凡、张赟提出要以推进科技创新作为突破口,完善高层次人才计划,注重人才作用④;萧鸣政提出以市场为基点,通过法制化规范和良好的人才资源市场体系来助推强国建设⑤。

通过上述观点,我们可以发现,我国学术界对于人才强国战略问题研究联系实际较为密切,并且为我国人才强国战略的实施提供了强大的理论基础,但在研究视角上仍需拓宽。本书则带着这些思考,来探究我国人才强国战略实施进程中所出现的问题并进行总结,提出相应的建议对策,体现整体系统性思考。

---

① 段莉:《我国人才战略研究综述》,《理论与改革》2007 年第 5 期,第 43 页。

② 程达刚:《实现人才资源开发科学发展》,《中国人才》2007 年第 21 期,第 9 页。

③ 吴江:《人才强国》,人民日报出版社,2023.

④ 王小凡,张赟:《以完善人才计划为抓手 推进我国人才强国建设》,《中国科学院院刊》2018 年第 6 期,第 540 页。

⑤ 萧鸣政:《新时代的人才强国战略与深入实施策略》,《中国高等教育》2022 年第 21 期,第 10 页。

第三节 国内外的人才战略实践进展

一、国外人才战略的实践历史与现状

(一)美国的人才战略实践

美国经过两百多年的发展扩张,在经济、军事、文化等领域都处于世界领先的地位。美国经济市场的发展,离不开人才战略实践的支撑。

1. 人才竞争战略

美国是世界上最发达的国家之一,在不同的历史时期采取不同的人才战略。美国早期将所有的人都认为是人才,以基数的增大来增加人才的数量;在西部大开发时期,美国采取一些政策制度来吸引人才,有产权、财政补贴等,以此激励他们发挥才能;在第二次世界大战期间,美国人才战略的重点放在了科技上,"曼哈顿工程"就是杰出代表;第二次世界大战之后,美国将重点转移到退役军人群体;美苏冷战时期,为了与苏联进行竞争,美国高度重视对科技的支持;美苏冷战结束后,人才战略围绕着汽车和电子等方面进而提高国家竞争力;进入全球创新竞争时期后,美国十分重视 STEM(科学、技术、工程、数学)人才,扩大了对国外人才的引进,以保持自身的国际竞争力。

2. 人才培养制度

20 世纪 60 年代起,美国对于科技创新理论和创新人才的重视度就极其高。主要体现在以下三方面:①美国制定了完整的人才培养方案,秉承教育优先发展的理念,逐步建立完善的人才培养模式,以法律和制度作为保障,促进教育的发展,并激励大学教育制度的创新。通过课内外结合、教学与研究结合、理论与实践结合、科学与人文结合,形成涵盖创业实践和工程实践都包括在内的相对完备的人才战略体系,提升了学生的自主创新能力。②加强青年创新型人才的储备,如美国国家科学基金会设立"总统青年研究奖",美国海军设立"青年研究员计划",不断培养创新型人才,为美国科技的发展提供动力。③加大对科技人才的资助。美国政府为进一步强化对人才的吸引,大幅提高"美国能源部科学办公室""美国国家科学基金会""美国国家标准与技术研究所"三大基础研究资助机构的预算经费,并且缩短专利审批周期,实现研发税收抵免政策永久化。

3. 人才引进政策

美国政府人才引进政策跟随着美国的发展要求,是根据国家利益和国情来制定的。以移民政策为例,美国政府为应对人才需求和人才环流的问题,通过设置临时工作签证的方式来解决,同时设置劳工签证,有效促进了移民和本国居民的人才优势互补,又规避了"临时居民"转为永久居民给国家带来的人口负担,这也表现出美国的移民体系具有很强的目的性和功利主义色彩。美国学者阿里斯蒂得·佐尔伯格就指出:"按照国家渲染的神话,美国多年来一直对全球敞开大门,为每一个有需要的人提供躲避风暴的港湾和各种机会。然而,各种社会和经济利益团体操纵移民政策达到服务于'一个设计的国家'的需要。"只有符合美国利益的人才与世界顶尖的人才在移民时才不会受到任何人为的限制,可以轻而易举地拿到美国绿卡成为美国居民,这是与美国"只欢迎人才移民"理念相吻合。

美国移民政策倾向于学历与技能优异者,通过筛选出不同层次的人才以区分薪资待遇,体现美国开放自由多元的价值理念。美国移民政策中值得借鉴的几方面:①逐步完善移民法律体系。从1952年开始,美国的移民法律对高素质人才进行了一定程度的倾斜,并规定了50%的移民限额。在后面《移民法》的修订中,也对移民划分了优先等级。②严格的职业移民审批制度。美国对人才划分有相当细致的标准,移民美国要经历严格的审批流程,美国政府更倾向于引进"杰出人才"。③高效的临时工作签证。临时工作签证是美国签证体系中最重要的类别,近年来,美国政府为应对人才短缺的状况不断增加临时工作签证的数量,每年发放达8.5万张,其中毕业于美国本土大学的占比为75%。在美国获得硕士以上的理工类专业外国学生,人才签证满额可以获得特批名额。④开放世界一流大学吸引全球顶尖学生。在高等教育投入资金方面,美国占到了全球投入总量的40%,世界顶尖高校数量和高等教育质量也位居全球首位,也是留学生数量最多的国家。

国家科学基金会每年都会设立各种具有吸引力的奖项增强对人才的引进力度,各种学术委员会也会响应政府号召设置奖项激励学生专注科研。2019年5月,美国白宫发布的全新移民政策框架,终结了绿卡抽签政策,根据社会发展需求设立了"积分择优制",将职业移民录取比例从12%提高到57%。美国EB2-NIW(国家利益豁免)对那些在专业领域有实质性价值和国家战略意义的海外人才,豁免他们的永久性工作承诺要求及劳工证申请,使他们可以直接申请绿卡。

4. 人才法律法规

美国建立了较为完善的法律体系,也制定了人才方面的相关法律法规,早在1865年宪法第13次修正案就明确规定,禁止强迫劳动。美国劳动法在发展中也逐渐趋于完善,根据现实各种类型人才流动和就业的状况,设置不同的具体法律规定。目前有关人才流动与配置的法律主要包括《国家劳工关系法》《公平劳动标准法》《社会保障法》《年龄歧视法》《同工同酬法》等,通过国家立法对劳动者的权利及义务进行保障。2007年8月2日,美国国会通过了《为有意义地推进一流技术、教育与科学的创造性法》(简称为《美国竞争法》)。自2020年美国两党议员联合抛出《无尽前沿法案》以来,历时两年,美国围绕如何增强其创新竞争力和人才竞争力,连续提出《国家科学基金会未来法案》《2021年美国创新和竞争法案》《2022年美国竞争法案》等多部"创新与竞争"系列法案。可以看出这些法案主要集中在保持创新力的基础领域,"人才培养"和"科技创新"成为其重点,对各种激励科研的投入、教育机会的增加、创新设施的打造进行了规定,对美国培养科技创新及高素质人才具有重要意义。

(二)英国的人才发展实践

1. 人才竞争战略

英国是世界科技强国之一,它的人才战略体系贯穿融合于不同时期的教育、科技、创新、人才吸引的政策和规划中。英国人才战略尤其侧重基础科学领域的研究,为吸引高科技人才的流入推行开放宽松的移民政策,并且注重加强政府与企业之间的合作,为创新提供支持。

2. 人才培养制度

英国的教育阶段可以划分为早期教育、初等教育、中等教育、继续教育和高等教育,不同阶段的人才培养目标指向明确,英国高等教育的战略重点是扩大教育规模和创建高校多元的教育体系。英国的大学拥有高度的自治权,对本科教育课程和专业可以根据需求灵活调整,突出教育专业化和职业化的特征。研究生教育则兼顾学术和职业培养,为国家创新型人员的培养做准备。英国被视为新兴科学研究的发源地,有重视创新型科技人才培养与开发的历史传统,在金融、医学、教育等领域,英国的专业人员和科技人才比例都位居世界前列。

在脱离欧盟之前,英国积极参与欧盟的各种科技创新的合作之中,利用互联网笼络杰出科研人才,并建立起国家人才战略措施,设立"大学退休金计划"和"雅典娜天鹅奖金",为留在英国的科研人才提供物质保障,支持并鼓励女性参加科研,实现自我价值。英国政府重视企业的创新,为企业科技研发和产品更新提供资金支持,加强政校合作,鼓励政府实验室与高校科研者共同发展科研技术。

3. 人才引进政策

英国政府设置引才机构,主要有内政部、外交与商业部等。内政部负责管理移民事务,下设边境与移民署作为管理国际人才的源头机构。另外,英国外交与商业部下属的贸易与投资署间接参与外国人在英国的贸易投资,为外来投资者提供帮助,包括人力资源方面的信息咨询。政策体系方面,英国的《英国高新技术移民政策》实施了以市场为导向的 PBS 记点积分制(Point Based System),需要获得 70 分才能达到标准。入境签证被划分为 4 种不同层次的签证类型:高技能(T1)、技能(T2)、低技能(T3)与临时工作(T5)。

英国于 2011 年启动"杰出人才签证",邀请国际著名评估机构与有关部门共同参与审核监督,被提名获得该签证的人可以直接前往英国不受"需获得担保"的限制。通过分析国内留学生在世界市场的份额以及当前的国情,英国政府采取设立资助奖励和人才奖励等积极措施吸引国际学生到英国接受高等教育,这些措施推动了各个领域杰出人才流动到英国。通过吸引大量国外中青年杰出人才到英国进行学习研究,其本身就是一种吸引创新人才的过程。在英国,企业同样也是吸引人才的主力,企业往往响应政府号召,尽可能多地为高层次留学人才提供赞助。

2020年1月,英国发布了全球人才签证政策,以吸引世界上最顶尖的科学家、数学家、研究人员、技术人才来英定居。申请者不需要提供工作证明,申请程序也更加便利快捷。2020年7月,英国政府宣布《研究与发展路线图》政策,其中提到关于延长 PSW 签证的内容:从2021年夏季毕业的英国博士国际生,将享有3年 PSW 签证。同时将延长申请学生的申请签证窗口,取消研究生阶段学习时间限制,允许所有学生在英国境内转换签证类型。

2022年5月,英国启动一项面向世界 TOP 级大学毕业生的"高潜力个人签证计划"。该签证会向毕业于全球 TOP 大学的各类人士开放,并允许其在英国工作而无需雇主担保,旨在吸引综合能力较强的国际人才到英国,优先考虑具有特殊技能的人,为英国经济作出积极贡献的高技能人才和学术精英。

4. 人才法律法规

英国是一个有着重视立法建设传统的国家。在吸引人才和劳动者就业方面都有相关的法律作为保障。在提升劳动者技能水平方面,有《继续教育和培训法 2007》《教育与技能法 2008》等法律文件;在规范劳动力市场方面,有《就业公平(年龄)法》,该法完善和补充了《劳动法》与《就业促进法》,并与《平等法》形成了较为完善的法律体系,有效推动了英格兰、苏格兰、威尔士以及北爱尔兰之间的劳动力与人才流动;在引进国外人才方面,2009年国会通过了英国第四部移民法《边境、移民和公民法 2009》,该法律对于移民者提出了更高的要求,需要同时满足在英国留学并找到工作居留10年且符合高层次人才标准的要求。

2020年,英国移民局发布最新修订的移民政策法案,新法案设立了新的工签体系,从2020年12月1日起,全新的技能员工签证(Skilled Worker route)将会取代 Tier 2(General)工作签证,并规定持有访问签证(Standard Visit)将可以在英国,参加不超过6个月的短期课程培训等,为高层次人才留学访问考察提供便利,同时加大对高技能人才的引进力度,过滤掉各种低技能工种,为英国接收更多高层次人才移民提供保障。

2021年9月英国内政部发布《移民法规变更声明》(HC 617),对全球人才签证有了更清晰的认识和更准确的定位,促进英国全球人才引进。

(三)德国的人才发展实践

20 世纪 80 年代起,德国人口出生率持续下降,呈现负增长趋势,随之而来的是人才紧缺的现实问题,对此德国政府采取一系列措施来提高青少年教育质量和增强高层次人才的吸引力。

1. 人才竞争战略

德国人才战略主要受本国人口变化和世界局势的影响。德国在 20 世纪 50 年代迎来移民潮,但移民人口主要是为了逃难、家庭、工作及教育,人才流入的人口并不是主流。2002 年德国政府公布了《德国的前景》这一有关可持续发展的国家战略。同时通过增设技术类别、承认双重国籍等方式对旧移民政策进行了革新,引进海外高素质人才。把对留学生的吸引上升成为国家战略的一部分,通过吸引这些年轻的、有干劲的青年力量来提升德国的研发创新能力。随着德国老龄化趋势与经济结构的转变,德国将面临数十万的人才缺口。德国于 2006 年实施了"高技术战略"向全球范围的高技术人才"抛橄榄枝"以改变这一困境。2010 年 7 月德国颁布了《思路·创新·增长——德高技术战略 2020》,旨在通过人才培养与引进以满足国内对于前沿技术与关键领域的需求。

2. 人才培养制度

重视和发展教育事业是德国的传统。第二次世界大战后,德国重建基础教育,1949 年颁布《基本法》,实行地方分权的教育管理体制,并成立教育委员会对德国教育行业指导。德国实行的是 12 年义务教育,并且是义务教育最先实行的国家。德国不但重视基础教育也采取了多种措施大力发展职业与高等教育。双元制的教育体系培养了专业与高级人才,为保持德国的创新能力、经济持续增长与合理的人才结构奠定了基础。同时为了避免出现人才瓶颈,保持充足人才资源,德国实施了一系列人才开发动员计划——"就业和稳定一揽子计划""通过教育实现起飞"等。德国重视并支持科技人才的健康成长,充分调动高校、科研机构、技术企业人员的科研积极性与创造性,面向各大高校、企业、科技产业园等进行有效引导,促进科研成果转化。在此基础上,德国也十分重视对科技成果与专利的保护,为高校与科研机构、中小型企业与独立发明人提供专利申请保护的咨询服务与经费支持。

德国在终身教育方面注重继续教育的实用性与全民性,2020 年高达 52% 的 25～64 岁的德国公民参与继续教育,45～54 岁的德国公民参与继续教育的比例达到 53%,即使是在 55～64 岁之间的德国老年人,参与率也达到了 44%。

3. 人才引进政策

在机构设置方面,德国在不同时期由政府委托不同部门对国际人才进行管理,并强调发挥社会组织的作用。1975 年移民政策指导委员会成立,1979 年教育科研部与基金会合作以资助外国优秀科学家,来自不同领域的 21 名人士于 2000 年组成了移民委员会。

在人才引进渠道方面,设立了高水平科研奖以吸引全球顶尖人才。2001 年设立保罗奖,其目的是"吸引全世界最好的头脑",为全球学者到德国科研机构自由研究提供 3 年最高 230 万欧元的资助。保罗奖的实施使德国向美国流出的部分顶尖人才回流,同时也设立了相应的基金与世界多个国家开展合作。

在吸引移民方面,2005 年德国颁布了《新移民法》,并规定只需要投资 2.5 欧元注册公司,就可申请一年的居留许可,如果该公司能够在未来 3～5 年良好经营便可申请永久居留许可。进入 21 世纪后,德国放宽了对外国人才的入籍限制,即便没有德国国籍,但只要连续在德国合法居住 8 年以上并获得德国永居 3 年以上的人,其子女在德国出生后自动获得德国国籍,并允许双重国籍。

在吸引留学生方面,德国学术交流中心早在 1925 年就已设立,目前已是德国最大的资助国际学生的基金组织,超过 150 万的学者在这个基金组织的资助下获益。德国还积极与其他国外顶尖大学开展课程合作,并挑选出优秀学生给予奖学金支持,鼓励其到德国留学并提供语言学习机会,为这些优秀学生在德国永久居留打下良好基础。德国为吸引高层次人才还向非欧盟国家推出了"蓝卡法案",以解决专业人才匮乏的问题,弥补高技术人才的缺失。"蓝卡法案"申请人必须有高等教育学位,在德国工作年收入也有严格要求。以 2020 年为例,通过"蓝卡法案"的人员在德国的职位年收入不少于 55 200 欧元,约折合 425 040 人民币(按当年 1 月份汇率计算)。劳动合同生效3个月内签发为期4年的EU蓝卡,享受德国教育、医疗、养老等福利。

4.人才法律法规

在职业教育方面,德国于1965年颁布《手工业条例》,1969年颁布《联邦职业教育法》《联邦劳动促进法》,1972年颁布《企业宪法》,1976年颁布《联邦青年劳动保护法》,1981年颁布《联邦职业教育促进法》。德国目前的教育法律主要是以2005年修改的《职业教育法》为基本框架的,对职业教育的系列重要问题进行了制度化与法理化的规定。

在移民政策方面,德国于1990年颁布《重新调整外国人权利法》,德国政府在法律框架上逐步转变了对外国人进入德国、在德居留的限制,放宽了移民限制。2005年出台了《新移民法》,对"高层次人才居留"与"外国人在德就业"等事宜作出了相应规定。2011年又颁布了《外国人居留法(草案)》,给予了外国科研人员配偶充分的就业权利,以此增加对全世界范围内高层次科研人员的吸引力度。2012年通过的《科学自由法》使德国科研机构获得了更多的自主决定权,包括但不限于在财务、人事决策与投资方面,一方面减少了本国优秀科研人才的流失,另一方面引进了各国杰出优秀科研人员。

德国颁布的面向专业人才的、较为全面的移民法是2020年的《专业人才移民法》。该法律是德国针对高级技术人才制定的《新移民法》,使海外高级技术人才在德国立即获得落户居留成为可能。该移民法主要针对以下3类高级人才:①特殊专业的杰出科学家;②具有突出地位的教学人士或科研人员;③在特殊职业领域有专业经验的专家或领导岗位的工作人员。《专业人才移民法》修正了之前高素质人才必须有高学历的限制,允许了许多接受正规培训但没有高学历的专业技术人才,吸引了一大批专业水平强、知识素养高的高层次人才。

(四)日本的人才发展实践

1.人才发展战略

日本十分重视对国际人才的吸引与培养,以扩充其人才储备。日本在20世纪80年代成立了21世纪留学生政策委员会(COSP),1983年发布了《关于21世纪留学生政策的建议》报告,提出到21世纪"拟招收10万留学生计划"的目标;2008 年将此目标人数提升到 30 万,重点吸引来自亚洲国家的优秀留学生;2009 年日本文部科学省开展了 Global 30(留学生 30 万人计划,即 G30)的英文授课项目,包括日本旧帝国大学以及 6 所一流私立大学。资助大学开展英文教学以及完善留学生管理规章制度,并促进了国际合作与人才的跨国培养,以此引进了大批杰出科研人员与优秀留学生。

此外,日本为达到吸引人才的目标还加强与外国科学家密切合作。1988 年日本科学技术厅推行了"日本科学技术厅奖学金"制度,以此支持本国科研机构以及优秀外籍人才的聘请。2007 年日本内阁正式审议通过了"创新 25 战略"并付诸实践。该政策主要包括"社会体制改革战略"和"技术革新战略路线图"两部分,旨在改善社会环境、促进创新,依靠日本环境和能源领域的科技实力,实现增长并为世界作出贡献等目的,同时应对老龄化与国际竞争,具有一定的战略前瞻性。

2. 人才培养制度

在日本,所有国民在宪法上都拥有平等接受教育的权利。1943 年,奖学金制度在日本开始推行。日本育英会作为第二次世界大战期间最早以贷款方式由国家兴办的奖学金机构,初建时采取重点突出、奖励少数精英的原则,贷款人数较少而贷款金额较多(年均贷款额每名大学生 800 日元,中学生 200 日元)。地方团体、公益法人、高校、企业也都各自开展了育才奖学制度。在职业教育方面,日本设有中高等的职业教育学校、中高等专修学校、短期大学、高等专门学校、专职研究院等。高等教育在日本一直得到足够的重视,在不断提高国际化的过程中,教育投资主要向与其他国家的教育合作领域倾斜,给予日本学生更多接受国际优秀教育的机会,并资助了许多项目为科研人员提供资金支持。

3. 人才引进政策

在引进人才资助方面,日本实施了"外国人特别研究员制度",用以吸引全世界范围内的青年科研人员到日本科研机构进行研究,并有较为充足的资金支持。单是日本科技促进会"自由研究计划""战略研究计划"两项就为外籍博士后提供了每年 200 个奖学金项目、外籍科学家 70 个奖学金项目。具体资助的科研领域主要有低碳、先进材料、免疫学等。

在改善科创环境方面,20世纪60年代,日本通过建造科学城来吸引和留住人才。例如在东京东北50千米处建造的筑波科学城,是为实现"技术立国"目标而建立的科学工业园区,开创了科学工业园区建设的新模式,虽然近年已经声名日下,但其模式仍有一定的参考价值。

在吸引留学生方面,日本主要利用两大主体吸引留学生——高校与企业。许多教育资金流向本科生与研究生的教育投资中,以使其软硬件设施仪器更加国际化。2011年启动与东亚地区大学合作的"亚洲校园计划"(CAMPUS Asia),由中、日、韩三国政府主导实施,促进中日韩大学交流与合作,其由韩国教育教学技术部、韩国大学教育学会、中国教育部、日本文部科学省联合制定,构建学费互认、学位统一授予的合作项目,为本地区培养更多更好的优秀人才。在2016年又新增了第二批高校名单,增加了超过20所大学。

在引进人才管理方面,日本于2010年提出了吸引外国高级人才优待制度,2012年出台优秀科技人才评分政策,主要吸引科技与医疗方面的高精尖人才。与此同时,日本简化了外国人的出入境管理,延长了人才居留期限,对专业人才的暂时性入国在留期放宽至5年。

4.人才法律法规

日本在"二战"后制定了《工会法》《劳动关系调整法》和《劳动标准法》,这三大法律构成了日本劳动法的基本体制,被称为"劳动三法"。1947年颁布了《职业安定发》,1974年将《失业保险法》更名为《雇佣保险法》。为缓和劳资矛盾又先后出台了《最低工资法》《雇佣对策法》《国内劳动法》和《男女雇佣均等法》。在推动科技人才就业与流动方面,1987年颁布了《研究交流促进法》,这一法律允许私人企业使用国家研究所的设施,并可促进国家研究院所与企业之间的人才交流和专利共享。2008年颁布了《研究开发力强化法》,该法替代了《研究交流促进法》的所有内容,并追加了人才活用政策等,重视为青年科研人员提供一个良好的研发环境,推动人才在机构与高校中的交流和流动。

2019年4月,日本正式实施了《外国人才引进法案》,同年12月日本政府出台了相关基本政策方针,其中包含新的在留资格制度与和谐共处一同发展的对应策略,以缓解日本老龄化与少子化带来的人才缺口影响,促进日本的可持续发展。

二、我国的人才战略历史实践与现实发展

(一)我国古代的人才战略历史实践

原始社会末期,尧实行"天下为公,选贤举能"的禅让制。在春秋时期,各国为富国强兵、求贤若渴、重用人才的典故不胜枚举,比较有代表性的便是秦国的商鞅变法。通过对秦国户籍、军功爵位、土地制度、税收、度量衡等各个领域进行变法,"奖励军功,按功授爵",打破了奴隶主贵族的世袭制,使秦国逐渐成为当时最强盛的国家并最终实现大一统的伟业。《吕氏春秋》中有言:"观于春秋,自鲁隐公以至哀公十有二世,其所以得之,所以失之,其术一也。得贤人,国无不安,名无不荣;失贤人,国无不危,名无不辱。"

在西汉时期,汉武帝采纳了董仲舒提出的"罢黜百家,独尊儒术"的建议,使得儒学成为核心的思想体系。董仲舒在《春秋繁露》中对求贤与养士、治国与积贤等关系以及人才的选拔、考核、任用进行了详细论述。在《举贤良对策》中系统提出了"天人感应""大一统"等思想。

魏晋时期,曹魏政权奠基者曹操注重审核名实,有功者才能得到重用,将察举制改为了九品中正制,试图克服人事权力全掌握在少数势力庞大的家族的弊端以及"关系户"的弊端,在选才用人方面有了一定的突破。

在隋唐时期,我国经济进入新的繁荣期,科举制正式形成。唐太宗李世民强调"为政之要,唯在得人,用非其才,必难致治",对隋朝选人用人的经验教训进行了深刻总结,大胆重用了房玄龄、魏征、李靖等文武人才,广纳良策,给予充分的信任,并耐心倾听不同意见,在各种重大事件上权衡利弊。作为封建集权时期的帝王能做到这一点是十分可贵的,在他的带领下出现了"贞观之治"的局面。

北宋政治家、改革家、"唐宋八大家"之一的宰相王安石将人才摆在了十分重要的位置,他认为人才的得失关系到国家的安危兴衰。他在《才论》中提到,"天下之患,不患才之不众,患上之人不欲其重;不患士之不欲为,患上之人不是其为也",他认为人才不怕少而怕不爱惜与不培养;不怕人才不愿

作为,而怕上级不想让他有所作为。他任宰相后,提出了一系列措施推进人才选拔制度和教育制度等方面的改革。

明朝的统治者依旧十分重视人才的选拔、培育和任用。特别是明太祖朱元璋在用人上破格使用了许多人才,打破了选才中的门第观念。朱元璋夺取濠州后为扩大战果,决定渡江攻打金陵,任用降将廖永忠。在有疑虑的情形下仍能对新来的降将十分信任,表现了其超人的胆略,这也让廖永忠深受感动,遂在战场上奋勇杀敌,朱元璋用人不疑之策取得了很好的效果。

在明朝,明太祖朱元璋在科举制的基础上确立了一项全新的教育制度,即"庶吉士"制度。朱元璋在建立明朝之后,为了迅速使国家政治回归正轨,急需大量优秀的实用人才。朱元璋恢复了科举制,但是为了锻炼这些没有经历世事的新科进士,朱元璋开创了"庶吉士"制度。从进士之中,再次选拔优秀人才,然后进一步加强培养,使其成为合格的国家政治储备力量,这就是"庶吉士"制度。

"康乾盛世"是清朝的鼎盛时期。在康熙、雍正、乾隆三代皇帝统治时期,中国封建体系达到顶峰,国力亦是最强。康熙善于重用自己信得过的人,相信所用之人只有被信任才会以赤诚之心回报自己;雍正主张"以临时经验方可信任",意思是从实际办事能力出发,而不是从表面现象来考察人;乾隆认为才识平庸自守是为官无能的表现,并采取"考核人才,各取所长"的人才选拔机制。

总之,在我国古代,统治者更加重视的是政治人才,对自然科学人才的重视相对不足,人才的选拔仍然受封建社会维护统治者利益的历史局限性。

(二)新中国成立初期的人才战略实践

1949年中华人民共和国成立,我国从民主主义革命向社会主义建设转变,主要任务由反帝反封建向巩固人民民主政权转变。在这一阶段,具有一定专业知识和技能的人才显得尤为珍贵,因为这是我们实现从落后的农业国向先进的工业国转变的人力资源。社会力量动员留美知识分子回国。在1945—1949年我国曾出现过留美潮。有资料考证,1850—1949年我国赴美人数近18 400人,在1945年后就有约5000人,超100年来留美总数的1/4。

在新中国成立后,留美知识分子期待早日回归祖国参与建设,中国共产党也积极通过各种渠道全面动员留美知识分子回国参加建设。

1. 落实知识分子政治待遇

新中国成立之初,对知识分子的相关政策还未成型。1951 年周恩来在《关于知识分子的改造问题》中指出,要勉励一切有爱国思想的知识分子努力站在人民立场,站到工人阶级的立场。1956 年时任国务院总理的周恩来在《关于知识分子问题的报告》中重点讨论了高级知识分子的相关问题,在报告中周恩来认为高级与一般知识分子没有严格界限,必须纠正原先对待人才的那些封建的官僚主义、宗派主义和本位主义的错误,以便使人才正确地运用到真正需要的领域。1957 年,毛泽东在《关于正确处理人民内部矛盾的问题》中认为,“广大知识分子虽然已经有了进步,但是不应当因此自满。为了充分适应新社会的需要,为了同工人农民团结一致,知识分子必须继续改造自己,逐步地抛弃资产阶级世界观而树立无产阶级的、共产主义的世界观”。由此可以看出,当时是十分看重知识分子的政治属性的,正确的知识要在正确的价值观、世界观的指导下为正确的人与阶级服务。

2. 科学制定人才激励政策

新中国成立以来,我国逐渐重视科技发明与技术探索,为广大科研人员提供支持,为其工作创造条件。1950 年我国政府发布了《政务院关于奖励有关生产的发明、技术改进及合理化建议的决定》,并实施了《保障发明权与专利暂行条例》,以法规的形式对科技创新加以引导。1954 年在《有关生产的发明、技术改造及合理化建议的奖励暂行条例》中,对科技奖励进行了分类,对其标准进行了界定,对奖金进行了细分。1955 年国务院发布了《中国科学院科学奖金的暂行条例》,在中科院设立了“中国科学院奖金委员会”,这是新中国对自然科学和社会科学理论工作给予奖励的第一个条例。

(三)改革开放后的人才战略实践

1. 恢复人才的政治地位

改革开放后,在新的历史形势和条件下,邓小平将继承传统与发展创新辩证结合,提出了一系列新的人才观点。1978 年邓小平指出“知识分子是工人阶级的一部分”,从而使广大知识分子和人才队伍在思想和政治上得到了解放。1978年中央组织部印发了《关于落实党的知识分子政策的几点意见》,进一步推动了知识分子政策的落实。自此以后,我国形成了一种以对知识分子与杰出人才的政治尊重与工作重用为核心的知识分子政策,为后续做好人才工作打下基础。

2. 加强国际人才交流

这一时期我国人才理念不断更新与提升,国际交流增加。1978年邓小平提出了恢复公派留学的问题,就在同年12月公派了52名留学生前往美国访学;1992年邓小平在珠海市对海外留学生寄语"要做出贡献,还是回国好",从公派出去到吸引回来,我国的海外留学制度初步建成。同时我国启动了引进国外智力工作,1983年邓小平在"利用外国智力和扩大对外开放"为主题的谈话中,提出要请一些外国人来参加我们的重点建设以及各方面建设,要很好地发挥他们的作用,并强调这是一个战略问题。随后成立了中央"引进国外智力以利四化建设工作领导小组",统筹领导全国引进外国智力工作。

3. 人才制度改革

职称与职业资格制度在我国"文化大革命"后一度滞后,1978年恢复了技术职称的评定,1986年实行了专业技术职务聘任制度,1988年专业职称系列增加到29个,1995年中国开始建立实行职业资格制度。自此,我国职称制度和职业资格制度步入正轨,成为一个时期内人才发展的"指挥棒",奠定了中国人才评价机制基础。

4. 推进人才市场化流动和分类管理

改革开放之初,人才的自由流动与市场选择配置有很大争议。党的十三大报告对社会主义市场体系做了深入的阐述,提出这一体系"不仅包括消费品和生产资料等商品市场,而且应当包括资金、劳务、技术、信息和房地产等生产要素市场","党内党外,都要创造人员能合理流动、职业有选择余地的社会条件",人才流动机制不在为单位和部门所有,而是进入了市场、走向了社会。

(四)进入21世纪到十八大期间的人才战略实践

1. 启动人才强国战略

2000年,党中央对人才发展进行了顶层设计,提出要"制定和实施人才战略",得到了社会的热烈反响。2001 年江泽民强调了"要确立人才资源是第一资源的思想",为人才强国战略打下理论基础。2002 年在《2002—2005年全国人才队伍建设规划纲要》(中办发〔2002〕12 号)文件中,树立了新的发展理念,实施"人才强国"战略,从此人才强国上升为国家战略,人才工作在党和国家的总体战略部署中确立了举足轻重的地位。2003 年在北京召开了我国第一次"全国人才工作会议",详细阐述了人才工作的具体任务,包括人才的培养、评价、使用、激励、队伍建设、市场体系建设等方面。随后,中共中央、国务院印发《关于进一步加强人才工作的决定》(中发〔2003〕16 号),提出新的历史条件下人才工作的指导思想、根本任务和政策措施,我国的人才工作进入新的历史时期。

2. 明确党管人才原则

2003 年,党中央在听取组织部关于人才工作情况和意见的汇报后成立了中央人才工作协调小组,成员单位由多个相关部门组成,负责全国人才工作和人才队伍建设的战略规划、政策研究与宏观指导。同年 12 月的全国人才工作会议上首次提出了要"坚持党管人才原则",加强党对人才工作的全面领导,切实把人才工作摆在重要位置上,落实主体责任,强化统筹协调,加快整体推进。

3. 确立科学的人才理念

江泽民在党的十六大报告中首次把"尊重劳动、尊重知识、尊重人才、尊重创造"4 个尊重作为党和国家的重大方针进行部署。党的十六大后,胡锦涛又从全面建设小康社会出发,强调了人才发展在科学发展中的重要地位和作用,提出了一系列符合时代要求、适应本国需要、体现科学发展观的人才思想。

4. 制定国家人才发展规划

2010 年党中央召开了第二次"全国人才工作会议",明确提出要开发利用国内国际两种人才资源,以高层次人才、高技能人才为重点统筹各类人才队伍建设,并印发了中长期人才发展规划——《国家人才发展中长期规划(2010—2020 年)》这一重要文件,做出"人才优先发展"的战略布局。明确了我国人才发展到 2020 年的总体目标是"培养和造就规模宏大、结构优化、布局合理、素质优良的人才队伍,确立国家人才竞争比较优势,进入世界人才强国行列,为在 21 世纪中叶基本实现社会主义现代化奠定人才基础"。

5. 人才工作领导机构是人才治理体系的有机组成部分

公共治理需要多主体的合作,要达成这一目标就需要发挥人才工作领导机构的优势。党的十七大将实施人才强国战略写进党章,为对党管人才的要求做进一步明确,中共中央在 2012 年 8 月印发了《关于进一步加强党管人才工作的意见》,使党对人才工作的领导有统有分、体系完善、脉络清晰。

(五)党的十八大以来人才战略实践

中国共产党第十八次全国代表大会以来,中国特色社会主义发展进入了新时代。以习近平同志为核心的党中央,把人才发展摆在突出重要的位置,坚持以人民为中心,开展了一系列人才发展治理实践,探索形成了一系列人才发展治理理念,科学有效地推动了人才发展治理格局形成。

1. 习近平总书记关于新时代人才工作的新理念、新战略、新举措

党的十八大以来,习近平总书记在把握历史与科学规律和时代发展潮流的基础上,对我国人才事业发展的实践作出了一系列重要指示,形成了具有系统性、科学性、创新性的思想体系,极大丰富和发展了马克思主义的人才理论。

2. 确立人才引领发展战略地位

党的十九大以来,立足于新时代的党情、国情和世情,习近平总书记多次强调要树立人才引领发展的战略要求,造就一支规模宏大、素质优良、结构合理、活力旺盛,既能满足中国经济社会发展需求,又能参与国际竞争的人才大军。

3. 探索构建人才发展治理体系

2016 年,中共中央制定了《关于深化人才发展体制机制改革的意见》,对我国人才发展体制机制提出了重大的改革意见,对人才发展治理实践进行全面部署,提出要"创新人才评价机制,优化人才评价'指挥棒'的作用""健全人才顺畅流动机制,促进人才双向流动",并首次提出"构建科学规范、运行高效、开放包容的人才发展治理体系"的要求。

4. 形成更加开放的引才、引智政策体系

人才发展治理的过程就是不断追求人才解放的过程。以此为核心,党

和国家的人才理念随时代和国情发展不断革新,治理制度愈发完善,治理能力逐步提高,人才发展探索实践也更加丰富。我国实施了更加开放的人才政策、构建了具有全球竞争力的制度体系,党管人才的政治优势向赢得国际竞争主动的制度优势转变。2016年中共中央、国务院印发了《关于加强新形势下引进外国人才工作的意见》(中发〔2016〕30号),进一步提升了我国吸引国际人才的政策支持。习近平总书记在党的十九大报告中指出:"人才是实现民族振兴、赢得国际竞争主动的战略资源。要坚持党管人才原则,聚天下英才而用之,加快建设人才强国。"强调努力形成人人渴望成才、人人努力成才、人人皆可成才、人人尽展其才的良好局面,让各类人才的创造活力竞相迸发、聪明才智充分涌现。2019年党的十九届四中全会通过《中共中央关于坚持和完善中国特色社会主义制度推进国家治理体系和治理能力现代化若干重大问题的决定》提出将"坚持德才兼备、选贤任能,聚天下英才而用之,培养造就更多更优秀人才"作为我国国家制度和国家治理体系的显著优势之一。2020年党的十九届五中全会通过的《中共中央关于制定国民经济和社会发展第十四个五年规划和2035年远景目标的建议》,明确将建成"人才强国"确立为2035年远景目标。2022年党的二十大报告强调,"教育、科技、人才是全面建设社会主义现代化国家的基础性、战略性支撑""要坚持教育优先发展、科技自立自强、人才引领驱动,加快建设教育强国、科技强国、人才强国"。

我国人才强国战略从形成到完善再到创新,取得了十分重大的进展。思想上,人才战略思想持续完善,人才意识不断强化;体系上,人才政策法规不断探索改进并趋于完善,人才政策体系逐步建立;发展状况上,人才发展取得很大成就,越来越多的人才被发掘、培养再到使用,我国从人才资源大国向人才强国转变,人才与经济社会发展的联系愈发紧密,人才事业发展进入新的历史阶段。进入新时代,我国面临着更大的挑战与机遇,越来越多领域进入了攻坚克难的阶段,我们应当把握好工作形势、科学研判工作走势,让人才更好地为建成社会主义强国、实现伟大的中国梦贡献力量。

【案例与讨论】

加快建设世界重要人才中心和创新高地
——以西湖大学建设新型研究型大学为例

2015 年 3 月,施一公、陈十一、潘建伟、饶毅、钱颖一、张辉和王坚七位倡议人提交了《关于试点创建新型民办研究型大学的建议》,获得国家支持。西湖大学是我国第一所由社会力量举办、国家重点支持的新型高等学校,前身为浙江西湖高等研究院,于 2018 年 2 月 14 日正式获教育部批准设立。西湖大学目前拥有生命科学学院、理学院、工学院三个学院,以"高起点、小而精、研究型"为办学定位,是一所坚持发展有限学科、培养拔尖创新人才、聚焦基础前沿科学研究、致力尖端科技突破、注重学科交叉融合的新型大学。西湖大学的创办,是中国高等教育改革发展史上的一件大事,开创了中国高等教育改革发展之先河,对新时代中国高等教育办学体制改革创新具有重要意义。

1. 借鉴国际一流、立足中国国情的新型现代大学制度

西湖大学实行董事会领导下的校长负责制。董事会为学校最高决策机构,同时设立监事会、顾问委员会、校务委员会和学术委员会等。依规设立中共西湖大学委员会,充分发挥政治核心作用,把握社会主义办学方向,参与学校重大事项决策管理。学校秉承"教授治学、行政理校、学术导向决定行政服务"的治校方针。校级管理团队由董事会批准聘任。校长是学校的行政负责人,依法依章全面负责校务工作。

杭州市西湖教育基金会(以下简称"西湖教育基金会")是筹集和运作西湖大学捐赠基金的官方机构,承担了西湖大学的绝大部分运营费用,所有教师的工资收入、福利待遇等均来自基金会的支持,其主要资金来源是募集捐赠、办学收入、政府资助竞争性科研项目经费和人才政策支持经费。西湖教育基金会积极响应党的号召,开创性地探索整合社会力量兴办高等教育的体制机制,为建设新型研究型大学作出积极贡献。

2. 培养富有社会责任感的拔尖创新人才的学生教育体系

西湖大学深入落实立德树人根本任务,以培养富有社会责任感的拔尖创新人才为目标,积极探索高等教育改革新路,构建"本博贯通"的青年科学家培养体系。

西湖大学采取灵活的博士生选拔方式和突出个性、多学科交叉的培养方式,强调"兴趣先导",实施轮转定导制度,为学生提供充分的学术体验机会和相对自由的实验室(导师)选择机会;强调"寓教于研",借助独立实验室制度,为博士生提供充分的科研实践机会,进行严谨规范的学术训练,支持博士生深入参与前沿科研项目,着力提高博士生原始创新能力。目前正在逐步建立和完善具有西湖大学特色的博士生人才培养体系。2017 年,西湖大学正式录取了 19 名博士研究生,截至 2023 年,西湖大学正式录取的博士研究生总数达 1500 人。

西湖大学招收本科生采用基于高考的综合评价录取模式,根据考生提交的申请材料进行资格审核,通过学校初试、统一高考、学校复试考核环节,择优录取。2022 年,西湖大学正式录取了第一批本科生共 60 人;2023 录取本科新生 93 人,其中包括 3 名来自美国的高中生(首次录取海外本科生);2024 年,西湖大学计划录取不超过 90 名本科生,采取"一人一策""专业自主选择""全员海外交流""一流科研训练""国际一流师资""本博连读机会""一人多导支持""书院文化浸润"的特色培养模式,以"培养复合型拔尖创新的研究生与具有坚实基础知识和专业技能的本科学生,以天下为己任、发挥领军作用的高端人才"为培养目标。

西湖大学计划到 2027 年,全日制在校学生规模将达到 5000 人,其中 3000 名研究生,2000 名本科生。

3. 鼓励开放合作创新的学术交流

西湖大学积极搭建学术交流平台,组织开展了"西湖名师论坛""We News & Ideas""西湖学科交叉 Lunch Seminar"、各学院专题学术讲座等形式多样的学术交流活动。一方面加强合作,与国内外各校联合形成破题合力;一方面推崇跨界创新,努力探索中国高等教育改革新路径。目前,西湖大学已与康奈尔大学、加州大学伯克利分校、芝加哥大学等 25 所海外知名高校建立了合作关系,并与其中 20 所签署交换访学协议,以确保本科生在校期间出国(境)学习或访问的机会。

此外,西湖大学还与浙江大学、上海交通大学、兰州大学、山东大学等国内 15 所高校建立合作框架,在探索体制机制改革、创新人才队伍建设与培养等方向开展合作,做国家高等教育体系改革创新的"探索者"。

新兴技术的创新和应用给全球社会带来了机遇和挑战,要求人们在全球范围内进行合作,以实现可持续发展和共同繁荣。西湖大学注重交流与合作,打造多元交流之地,与全球众多一流名校和企业建立合作关系,加强技术研发和学术交流,推动多元、前沿的高水平学术交流与碰撞,拓展人才学术视野与创新思维,促进全球范围内的可持续发展。

4. 引才育才为己所用的人才政策

(1)浙江省人才引进政策。浙江省发布《关于大力实施海外优秀创业创新人才引进计划的意见》以及《浙江省"省级海外引才计划"暂行办法》,鼓励海外高层次人才采取灵活多样的方式到浙江长期工作或短期服务。这几年,浙江各级政府通过一事一议等方式,一直在全力支持西湖大学的建设。2023 年 5 月 4 日,《浙江省支持新型高校建设实施细则》正式施行,在资金保障、用地需求、资源投入、教育教学改革等方面支持新型高校建设,意味着浙江已初步形成持续支持新型高校建设的长效机制,坚定了办好西湖大学的信心。

(2)杭州市人才引进政策。近年来,杭州紧紧围绕打造人才生态最优城市、聚天下英才共建杭州的目标,每年都会聚焦人才发展,出台更加积极、更加开放、更加有效的重磅人才政策。比如,2015 年,围绕支持高层次人才和团队创新创业,出台"人才新政 27 条",在全国率先建立高层次人才分类认定;2016 年,聚焦深化人才发展体制机制改革,出台人才"若干意见 22 条",进一步加强市场主体培育、发挥市场要素作用,着力提高人才工作市场化水平;2017 年,紧盯人才国际化,出台加快推进人才国际化意见,与国家外专局共同创新建设国际人才创业创新园;2019 年,杭州市的人才政策全面整合提升,制定出台了"人才生态 37 条",在高峰人才引育、体制机制改革、全球人才招引、人才西进等方面提出四大工程和七大计划,全市"1+N+S"人才政策体系基本形成;2020年,杭州首次推出"人才码"随即又推出了针对应届毕业生的"青荷码"和海外高层次人才的"国际人才码";2021年,杭州再次升级人才码,经杭州市认定的A-E类人才可以"一码走遍杭州""一码畅享服务"。近年来,杭州市持续完善人才政策,为高层次人才、大学生、博士后和高技能人才出台优待政策,面向全球加快人才引进集聚,为杭州今后发展积蓄动能。

(3)西湖区人才引进政策。西湖区精心实施国家和省市海外高层次人才计划、省"鲲鹏行动"计划等重点人才计划,创新举措加快汇聚一批顶尖人才。扎实推进杭州市"西湖明珠工程",高质量开展"西湖英才计划"遴选。发挥国际青年人才西湖分中心作用,吸引全球优秀青年前来西湖创新创业。深入实施高水平工程师特殊支持计划,加大工程硕博士等卓越工程师后备人才引进培养力度。在西湖区,"西湖人才云管家""栖西人才码"等应用场景全覆盖5大类150项高频服务事项,已形成人才诉求一窗受理、人才服务一码集成、人才发展一帮到底的服务闭环。西湖区打造国际人才港,通过大力实施"西湖英才"等引智新政,吸引了一大批世界顶尖科学家。

(4)西湖大学人才引进。"开放的人才政策和宽松的学术环境是特别重要的。"施一公说。研究型大学是人类文明进步的策源地、尖端科学技术的孵化器、顶尖科学家的集聚地。在西湖大学,不重论文的篇数、不重影响因子、不重论文引用率、不重人才头衔、不重获奖情况,这样的做法正在催生新的创新生态,西湖大学已集聚180位来自境外11个国家和地区的科学家,与康奈尔大学、加州大学伯克利分校、芝加哥大学等26所海外知名高校建立了合作关系。

西湖大学的招聘公告中提到西湖大学将参照国际一流大学相应职位,根据具体情况,为入选者提供有国际竞争力的、能够使其安心学术的协议薪酬和福利待遇、充足的科研启动经费和实验室等方面的支持,协助解决住房问题及其他多方面的福利待遇,为引进人才消除后顾之忧。仇旻说,其实无需就招聘公告中的条款——对号入座,"我们只是用这样的方式表达学校的态度:学术人才遇到的任何问题或想法,都可以和学校沟通。在国家法律法规政策范围之内、学校力所能及的,我们都会努力去协调解决,为大家创造良好的工作和生活氛围"。从薪酬和福利待遇、科研保障、安家补助等多方面吸引和留住优秀学术人才,经过几年不懈努力,全球 14 个国家和地区 211 位优秀科学家纷至沓来,仅过去一年就有孙仁、朱听、谢伟、马秋富等多人加盟,开始在多个学术方向产生世界影响。西湖大学将协助解决住房问题或提供相应的住房补贴。

一个更吸引海外人才的因素是,西湖大学实行扁平化的"独立实验室"制度。学院旗下设立一个个独立实验室,每个实验室可以自主进行科研团队的招聘、组建和跨界合作。西湖大学给予 PI(Principal Investigator,学术带头人)最大的信任和自主性,"怎么招人,从事什么研究方向,怎样根据科研需求合理分配项目资金,PI 们有很大的自主权"。2022 年,西湖大学在 PI、博士后之外又发布了一项面向全球优秀青年学者和资深教授的全新的高品质人才计划——西湖卓越学者计划。其中,备受关注的西湖青年学者项目是为处于职业生涯起步阶段的年轻科研工作者量身打造的,助力他们走向更广阔的学术道路。在教育科技人才一体化发展中,相比传统高校,西湖大学更容易发挥出交汇点的作用。

谈及面试的选拔和评价标准,西湖大学校长施一公说:"西湖大学鼓励创新的学术评价体系,无论是学术论文的数量和引用率,还是学术期刊的影响因子,都不会成为西湖大学学术评价的主要指标。在西湖大学,对科学家的学术评价主要看其研究是否剑指相关领域的最前沿以及实质性进展,我们希望用对人类社会发展、科学重大发现来衡量,用成果转化来推动社会进步"。

据学校官网显示①,学校共组建了一百多个基础和应用研究实验室,拥有国家级平台 1 个,省实验室 2 个、省重点实验室 6 个、省工程研究中心 1 个、校地合作机构 2 个、校立科研机构 8 个。学校已承担多项科技部国家重点研发计划专项、国家自然科学基金重大科研仪器研制项目、国家自然科学基金国际(地区)合作研究项目、国家自然科学基金重点项目,浙江省科技厅省重点研发计划项目、浙江省领军型创新团队项目和浙江省"万人计划"等

---

① 西湖大学官方网站:科学研究创新平台,2024,https://www.westlake.edu.cn/research/centers_labs_programs.

各类重大重点项目。截至 2023 年第一季度,西湖大学吸引了 200 余位世界一流科学家担任博士生导师。国内外科学家共同组建的 100 多个基础和应用研究实验室,让该校成为培养拔尖创新人才的摇篮。

5. 独具西湖特色的科艺融合的校园文化

西湖大学有云栖和云谷两个校区,云栖校区的建筑风格独具特色,融合了传统的中国园林设计和现代化的建筑风格;云谷校区的校园规划以协同、一致、跨学科、合作、求知为理念,注重跨学科的合作与交流,校园的功能结构呈现一定的向心力。一条环形水系和 12 座桥梁打造了自然蜿蜒的水岸和人文和谐的景观,将自然环、学术环、生活环有机融合。其中,学术环将不同的学科连接在一起,促进多学科的分享与交流。

校园文化建设是西湖大学思政建设的重要途径。西湖大学创建 WEMeet、WE 剧场等校园文化品牌活动,拓宽师生人文艺术视角,同时与兄弟院校深入合作,优势互补,资源共享,搭建文化艺术交流平台,逐步形塑独具西湖特色的科艺融合的校园文化气质。

(来源:作者根据西湖大学等官方网站资料汇总编写)

思考与讨论

国际著名高等教育学家阿特巴赫曾提出,新型研究型大学具有以下 4 个特征:充足的办学经费,相对扁平与独特的治理模式,从国际上聚拢一大批高水平的高科技人才以及在跨学科、有应用前景的领域进行重点布局。西湖大学在充分考虑中国国情的基础上,所有规章制度的设立都遵循国际化的标准,在教学科研、行政服务、后勤保障、校园文化等各方面都将充分体现全球化的特色,是集合天下英才成为世界重要人才中心和创新高地的重要创举,为实现世界一流大学建设的目标和中国与社会的发展作出积极的贡献。

西湖大学的创新有哪些特色?

第二章

人才战略与社会经济发展

【案例导入】

华为千万年薪招揽天才员工

华为是中国信息与通信技术的科技龙头，一直以来吸引了全国最顶尖人才的加盟。华为非常关注人才梯队的培养，每年都不惜重金从各个高校吸纳优秀毕业生重点培养，而集团推出的"天才少年"计划更是被形容万里挑一，该计划中应聘的毕业生入职就能年入百万，成为工薪阶层羡慕的对象。

2022 年 4 月 25 日，华为再度启动了"天才少年"招募计划，根据华为总裁办发布的招募公告，本次招募计划不设置学历门槛也不限制学校，是完完全全的公平竞争，只要有能力、有水平，便英雄无问出处，正式入选后的员工享有"五倍薪酬"。

虽然在招募公告中并未详细说明"五倍薪酬"是个什么概念，但猜测可能是会 5 倍于平均入职薪酬的意思，根据华为之前披露的资料，"天才少年"招募计划入选的候选人年薪最高已经达到了 201 万元人民币，这样的话"天才少年"一毕业就领先同龄人不知道几个身位。

事实上，华为在 2019 年就开始了"天才少年"招募计划，当时华为的创始人任正非签署了一份内部文件，要求集团要不惜代价从全球范围内招募优秀的青年技术人才,为此他还特别强调说:这些天才少年就像"泥鳅"一样,能钻活华为的组织、激活华为的技术团队。该言论还一度引起非议,令华为内部人士嫉妒不已。

按照 2022 年的招募计划,"天才少年"的薪酬体系被分为三档,最高档是年薪 182 万~201 万元人民币,奖励那些华为招募到的年轻的最顶尖人才,第二档为 140.5 万~156.5 万元人民币,第三档为 89.6 万~100.8 万元人民币。也就是说,只要能够入选,最低也可以领到 89.6 万年薪,不过入职谈何容易。

以华为之前招募的典型人才为例。2019 年时,30 岁的钟钊成为"天才少年"计划有史以来第一批最高年薪获得者,拿到了薪酬体系中最高 201 万的年薪,要知道他可是顶着中国科学院"模式识别与智能系统"博士学位的高端人才,入职华为后不到一年时间,他的团队就将研发出的自动机器学习技术应用到了几千万台华为手机中,顺利完成了大规模商业化使用,其创造的价值何止百万。

2020 年,一位入选"天才少年"的女博士姚婷也非常受关注,她除了华中科技大学计算机博士的学位之外,其靓丽的外形更是被网友们评为"天才少年中的天才美少女",当年她拿到了第二档中的最高年薪 156 万元人民币,研究方向为新型储存介质,资料库和键值储存系统。

关于人才理念,任正非说过这些经典语录:"少谈情怀多给钱,谈钱是对员工最好的尊重""成就员工就是最好的人性管理"。他是这么说的,也是这么做的。任正非的这种大气,是成就华为不败境地的关键。

(来源:网易,有删改)

第一节　人口特点、人力资源现状、人才发展特点

一、人口特点

第七次全国人口普查主要数据显示①，在我国人口增速放缓和人口集聚程度增强的基本态势下，我国人口发展变化出现新情况、新特征和新趋势，具体特点如下。

1. 人口总量低速增长

全国人口共 141 178 万人，与 2010 年（第六次全国人口普查数据，下同）的 133 972 万人相比，增加 7206 万人，增长 5.38%，年平均增长率为 0.53%，比 2000—2010 年的年平均增长率 0.57% 下降 0.04 个百分点。数据表明，我国人口 10 年来继续保持低速增长态势。

2. 家庭户规模继续缩小

全国共有家庭户 49 416 万户，家庭户人口为 129 281 万人；集体户 2853 万户，集体户人口为 11 897 万人。平均每个家庭户的人口为 2.62 人，比 2010 年的 3.10 人减少 0.48 人。家庭户规模继续缩小，主要是受我国人口流动日趋频繁和住房条件改善，年轻人婚后独立居住等因素的影响。

3. 人口地区集聚加速

东部地区、中部地区、西部地区和东北地区人口占比分别为 39.93%、25.83%、27.12% 和 6.98%。与 2010 年相比，东部地区和西部地区人口所占比重分别上升 2.15 个百分点和 0.22 个百分点，中部地区和东北地区分别下降 0.79 个百分点和 1.20 个百分点。人口向经济发达区域、城市群进一步集聚趋势明显。

---

① 中华人民共和国中央人民政府网，第七次全国人口普查主要数据情况，http://www.gov.cn/xinwen/2021-05/11/content_5605760.htm.

4. 性别结构持续改善

男性人口为 72 333 万人、女性人口为 68 843 万人,分别占比 51.24% 和 48.76%。总人口性别比(以女性为 100,男性对女性的比例)为 105.07,与 2010 年基本持平。出生人口性别比为 111.3,较 2010 年下降 6.8,我国人口的性别结构持续改善。

5. 老龄化程度进一步加剧

0~14 岁人口为 25 338 万人、15~59 岁人口为 89 438 万人、60 岁及以上人口为 26 402 万人,分别占比为 17.95%、63.35% 和 18.70%。与 2010 年相比,0~14 岁、15~59 岁、60 岁及以上人口的比重分别上升 1.35 个百分点、下降 6.79 个百分点、上升 5.44 个百分点。生育政策调整取得了积极成效,我国少儿人口比重回升。同时,人口老龄化程度进一步加深,未来一段时期将持续面临人口长期均衡发展的压力。

6. 教育程度不断提高

具有大学文化程度(指大专及以上)的人口为 21 836 万人。与 2010 年相比,每 10 万人中具有大学文化程度的由 8930 人上升为 15 467 人,15 岁及以上人口的平均受教育年限由 9.08 年提高至 9.91 年,文盲率由 4.08% 下降为 2.67%。受教育状况的持续改善反映了 10 年来我国大力发展高等教育以及扫除青壮年文盲等措施取得了积极成效,人口素质不断提高。

7. 城镇居民人口迅速增加

居住在城镇的人口和居住在乡村的人口分别为 90 199 万人和 50 979 万人,分别占比为 63.89% 和 36.11%。与 2010 年相比,城镇人口增加 23 642 万人,乡村人口减少 16 436 万人,城镇人口比重上升 14.21 个百分点。随着我国新型工业化、信息化和农业现代化的不断深入发展以及农业转移人口市民化政策的逐步落实落地,10 年来我国新型城镇化建设稳步推进,城镇化进程取得了历史性跨越。

二、人力资源现状①②

人口众多、劳动力资源丰富是中国的基本国情。多年来,中国政府采取积极有效的政策措施,大力加强人力资源的开发利用,使中国的人力资源状况发生了显著变化。

劳动年龄人口总量逐年下降。截至 2020 年 11 月 1 日,全国人口141 178 万人,劳动年龄人口总量于 2012 年形成下降"拐点"后逐年递减,现已"九连降",如图 2-1 所示。总体上,劳动年龄人口每年下降的绝对数量均超过 100 万。劳动年龄人口的持续减少和供给总量的快速下降,势必会引起劳动从业人口总体规模的缩小和绝对数量的下降,进而导致"人口红利"逐步降低。

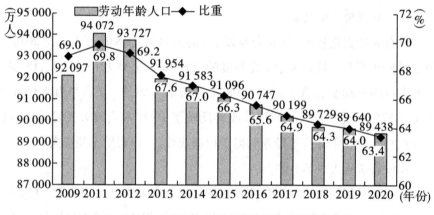

图 2-1　2009—2020 年全国劳动年龄人口数量及占比

国民受教育水平明显提高。中国实行教育优先的发展战略,建成了比较完善的现代国民教育体系。2000 年实现了基本普及九年制义务教育和基本扫除青壮年文盲的目标。高中阶段教育普及率大幅提升,职业教育得到重点加强,高等教育进入大众化阶段。2020 年,全国高中与中等职业及以上

① 《中国的人力资源状况》白皮书,www.scio.gove.cn.
② 余兴安,李志更:《人力资源蓝皮书:中国人力资源发展报告(2021)》,社会科学文献出版社,2021.

受教育程度的在校生达 7757.2 万人,普通本专科、研究生在校生分别达
3285.3 万人、314 万人,中等职业教育在校生 2020 年增长至 1663.4 万人,如
图 2-2 所示,2015—2020 年年均增长 0.08%,呈现逐年小幅增长趋势。

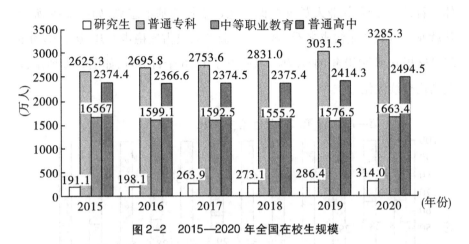

图 2-2 2015—2020 年全国在校生规模

高校毕业生数量平稳增长。2020 年,我国普通本专科、研究生毕业生分
别达 797.2 万人、72.9 万人,如图 2-3 所示,2015—2020 年年均增幅分别达
3.20%、5.72%。我国高校毕业生从 21 世纪初突破百万人,到 2020 年激增
至 870.1 万人,促进了劳动者整体素质提升。

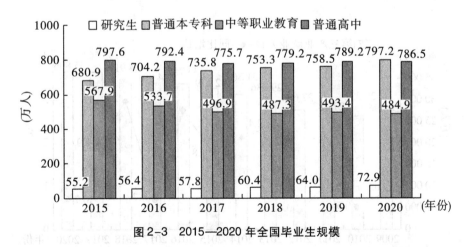

图 2-3 2015—2020 年全国毕业生规模

就业人员产业布局日趋优化。随着中国经济发展和产业结构调整,人

力资源总体上持续向第三产业转移。截至 2020 年底,全国就业人员中第一产业占比 23.6%,第二产业、第三产业分别占 28.7%、47.7%,如图 2-4 所示。2020 年受新冠疫情影响,虽然第三产业就业人员规模略有下降,但从总体上看,第三产业就业人员继续保持稳定增长的基本态势,如图 2-5 所示。从就业人员的产业构成来看,第三产业就业人员占比稳步上升,从 2009 年的34.1% 提升到 2020 年的47.7%,共提升了 13.6 个百分点,如图 2-6 所示,产业结构持续优化。

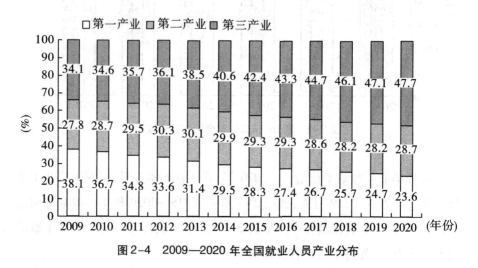

图2-4　2009—2020 年全国就业人员产业分布

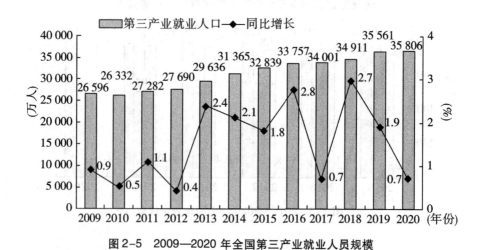

图2-5　2009—2020 年全国第三产业就业人员规模

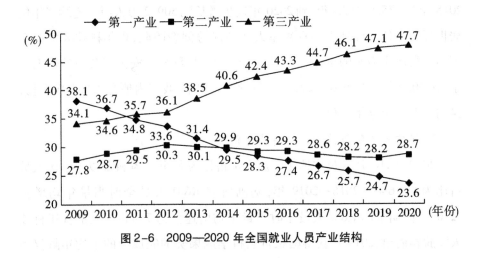

图 2-6 2009—2020 年全国就业人员产业结构

人才资源开发取得积极进展。人才是指具有一定的专业知识或专门技能,进行创造性劳动并对社会作出贡献的人,是人力资源中能力和素质较高的劳动者。中国政府制定和实施一系列重大方针政策,统筹推进党政人才、企业经营管理人才、专业技术人才、高技能人才、农村实用人才和社会工作人才等各类人才队伍建设。经过多年努力,人才资源总量不断增加、人才素质明显提高、人才结构进一步优化、人才使用效能逐渐提高。

三、人才发展特点

(一)科技人才队伍建设概况

新中国成立以来,特别是改革开放以来,我国科技人才队伍建设取得了明显成效。特别是在《国家中长期人才规划纲要(2010—2020 年)》实施以来,有力推动了科技人才队伍的建设。在"十三五"期间,各地各部门都积极落实党中央对人才工作的总体部署,深化科技人才体制机制改革,加大了科研人员尤其是关键领域的杰出科技人才的支持力度,营造了良好的科研创新环境,推动了科研成果有效转化,科技人才工作取得的成效显著。

(二)科技人才工作总体成效

1. 科技人才队伍规模不断扩大

科技人才总量稳步增长,全社会研究与试验发展(R&D)人员全时当量

2015 年为 375.9 万人/年,到 2020 年逐步增长到 509.2 万人/年,连续多年位居世界第一位。涌现出一批领军人才和优秀创新团队,青年科技人才已经担当起科研主力军的重任。根据 2020 年 11 月科睿唯安公司公布的数据显示,在 2020 年全球 6167 位高被引科学家名单中,我国内地有 770 人次上榜,排名上升至全球第二位。

2.科技人才队伍结构布局持续优化

2019 年,R&D 人员中博士学历人员占比为 8.5%,本科及以上学历人员占比为 63.6%。2016—2019 年,基础研究 R&D 人员全时当量年均增长 12.6%,同期全国 R&D 人员全时当量年均增速仅为 7.4%。大批青年科技人才脱颖而出,2019 年获得国家自然科学成果奖的完成人的平均年龄仅为 44.6 岁,其中多于 60% 的完成人年龄是未满 45 岁的优秀青年,有 7 项成果的第一完成人年龄不到 45 岁,有 26 个项目团队平均年龄不足 45 岁,占比 56.5%,其中最年轻的团队的平均年龄仅有 35 岁。中国科学院 2019 年新增选的 64 名院士的平均年龄为 55.7 岁,其中有 87.5% 的年龄在 60 岁(含)以下。2019 年,企业 R&D 人员全时当量所占比重达到 76.4%,企业已经成为研发人才聚集的主要平台。

3.科技人才成果产出跻身世界前列

科技人才整体素质进一步提升,科技创新能力显著增强,发明专利和科技论文质量和水平进一步提升,科技成果转化成效显著提高,科技创新水平向国际第一方阵迈进的速度加快。2010—2020 年,中国科技人员共发表国际论文 301.91 万篇,连续 4 年排名世界第二,数量比 2019 年统计时增加了 15.8%。论文共被引用 3605.71 万次,增加了 26.7%,排名世界第二。中国于 2019 年首次超越美国成为全球最大 PCT 专利申请来源国,世界知识产权组织发布最新报告显示,2020 年中国 PCT 专利申请量达 68 720 件,同比增长 16.1%,位居世界排名第一位,美国 PCT 专利申请量 59 230 件,紧随其后,日本、韩国和德国分别位居第三、第四和第五。2019 年,我国技术市场共签订 48.4 万项技术合同,成交金额达到 22 398.4 亿元。我国 2014—2019 年科技进步贡献率提升到 59.5%,国家创新指数排名从 2012 年的位居世界第 19 位上升到 2020 年的位居世界第 14 位。

4. 科技人才队伍国际化步伐加快

近年来,越来越多出国留学人员选择回国创新创业,已经成为我国科技人才队伍的中坚力量。2019 年的各类留学回国人员是 2015 年的 1.4 倍,总数达到58.0 万人。随着我国人才培养支持力度的不断加大和科技创新环境的不断优化,吸引国际人才的能力明显提升,并且中国科学家的能力和水平得到全世界越来越多人的认可。2014 年屠呦呦研究员获得诺贝尔生理学或医学奖;2015 年王贻芳院士获得基础物理学突破奖;2020 年薛其坤院士被授予菲列兹·伦敦奖,成为该奖项设立60 余年来首个获奖的中国科学家。

(三)全国 R&D 人员概况[①]

R&D 人员是指单位内部从事基础研究、应用研究和试验发展 3 类活动的人员,包括直接参加上述 3 类项目活动的人员及这 3 类项目的管理人员和直接服务人员。为研发活动提供直接服务的人员是指直接为研发活动提供资料文献、材料供应、设备维护等服务的人员。R&D 人员全时当量是指 R&D 全时人员(全年从事 R&D 活动累计工作时间占全部工作时间 90% 及以上的人员)工作量与非全时人员按实际工作时间折算的工作量之和。R&D 研究人员是指从事新知识、新产品、新工艺、新方法、新系统的构想或创造的专业人员及 R&D 项目(课题)的主要负责人员和 R&D 机构的高级管理人员,一般应具备中级及以上职称或博士学历。目前,国际上通常用 R&D 人员全时当量作为比较科技人力投入的指标,因此本章从 R&D 人员概况、R&D 人员结构与分布、各类科技人才发展等方面对我国科技人才队伍发展状况进行描述。

2020 年我国 R&D 人员数量继续增长,高学历人员占比不断攀升,R&D 人员整体素质进一步提高。我国参与 R&D 活动的人员比上年增长 5.9%,总数达到755.3 万人,其中全时人员占比为 69.2%。在 R&D 人员中的女性有 198.4 万人,比 2019 年增长 7.0%;博士、硕士和本科毕业生分别有 63.6 万人、111.1 万人和 305.4 万人,其中有 23.1% 的人具有研究生学历,基本与

---

① 中华人民共和国科学技术部:《中国科技人才发展报告 2020》,科学技术文献出版社,2021.

2019 年持平。按全时当量统计,2020 年我国 R&D 人员总量为 523.5 万人/年,比 2019 年增加 43.4 万人/年,增长 9.0%,比 2019 年降低了 0.6 个百分点。R&D 研究人员总量持续增长,2020 年比 2019 年增加17.2 万人/年,达到 228.1 万人/年。R&D 研究人员占 R&D 人员的比重为 43.6%,比 2019 年降低 0.3 个百分点。如图 2-7 所示。

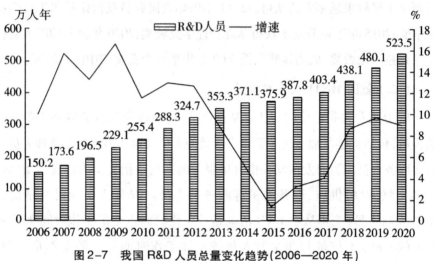

图 2-7 我国 R&D 人员总量变化趋势(2006—2020 年)

(四)人才发展特点

2020 年,我国人口总量保持增长态势,但增速继续放缓。人口流动更进一步向经济发达地区、城市群集聚,东、西部人口占比上升。劳动年龄人口数量和占比双下降,人口抚养比上升。人口整体素质持续优化,就业人员占总人口比重有所下降。

1. 人口总量保持增长,增速有所放缓

根据第七次全国人口普查(以下简称“七普”)数据,截至 2020 年 11 月 1 日零时,全国人口[指大陆 31 个省(区、市)和现役军人人口,不包括居住在 31 个省(区、市)的港澳台居民和外籍人员,下同]总量 141 178 万人,比 2019 年小幅增长;比 2010 年第六次全国人口普查(以下简称“六普”)时增加 72 053 872 人,增幅 5.38%,年均增长 0.53%,与 2000—2010 年相比,增速放缓。

2. 人口进一步向经济发达地区和城市群集聚，东、西部人口占比上升

根据历次人口普查数据，我国流动人口规模 1982 年 675 万人、2010 年 2.21 亿人、2015 年 2.47 亿人、2020 年 3.76 亿人。"七普"数据显示，与 2010 年相比，人口有增加的省份为 25 个，其中，广东、浙江、江苏、山东、河南 5 省增长较多。2020 年常住人口城镇化率为 63.89%，比 2010 年提高 14.21 个百分点。在全国总人口中，东、中、西、东北地区的人口占比分别为 39.93%、25.83%、27.12%、6.98%。与 2010 年"六普"相比，东、西部占比分别提高 2.15 个、0.22 个百分点，中部、东北地区占比分别下降 0.79 个、1.20 个百分点。

3. 劳动年龄人口数量和占比双下降，人口抚养比上升

"七普"数据显示，2020 年我国 16～59 岁的劳动年龄人口 8.8 亿人，比 2010 年减少 4000 多万人，占总人口比例也有所下降；0～14 岁人口 2.5 亿人、15～59 岁人口 8.9 亿人、60 岁及以上人口 2.6 亿人（其中 65 岁及以上人口为 1.9 亿人），人口抚养比为 45.9%，比 2010 年提高 11.7 个百分点。31 个省（区、市）中，有 13 个 15～59 岁人口占比超过 65%、15 个为 60%～65%、3 个低于 60%。除西藏外，其他 30 个省份 65 岁及以上人口的占比均超过 7%，其中，有 12 个省份超过 14%。虽然当前我国仍然处于人口抚养比低于 50% 的人口红利期，但红利正在逐步减少。

4. 劳动力素质持续改善，就业人口占总人口比例下降

"七普"数据显示，2020 年我国 15 岁及以上人口的文盲率为 2.67%，比 2010 年下降 1.41 个百分点；平均受教育年限为 9.91 年，比 2010 年提高 0.83 年；每 10 万人中具有大学（指大专及以上）、高中文化程度的分别为 15 467 人、15 088 人，比 2010 年分别增加 6537 人、1056 人。2020 年我国劳动年龄人口（16～59 岁）平均受教育年限为 10.75 年，比 2010 年提高 1.08 年。

（五）中国人才市场发展存在的问题

人才市场对于人力资源开发和人才流动具有十分重要的意义，但也存在许多亟待改进的方面，如人才市场硬件投入欠缺、人事代理覆盖面窄、市场功能不完善等问题。目前，仍有相当一部分人才游离于人才市场之外，人

才市场在人力资源配置过程中仍未充分发挥基础性作用。

在人才投资方面,主要局限于各类专家的慰问、体检和创新人才工程的培养等范围上,以待遇留人的政策难以落实,发挥的作用甚微。高层次专业技术人才紧缺,必须从政策、资金、措施等各方面加大力度鼓励人才向更高层次发展;同时,人才投入不足,各级财政专项预算内安排人才引进和培养工作的经费与经济发展和财政收入水平也不相称,已成为制约人才资源有效开发的瓶颈。

在专业技术职务管理工作中,重评轻聘现象仍然存在,只要满足了上级给定的职务评定指标,即予以聘任,聘书失去了公开竞争与择优录取的作用。部分聘上高级职称的技术人员容易在思想上失去目标,工作行动上失去动力,"躺平""摆烂"等现象不同程度地影响了工作,也影响了其他专业技术人员的积极性。

第二节　人才战略对当代经济发展的影响与作用

习近平总书记在中央人才工作会议上提出,要深入实施新时代人才强国战略,为 2035 年基本实现社会主义现代化提供人才支撑,为 2050 年全面建成社会主义现代化强国打好人才基础①。明确加快建设新时代人才强国战略思路举措根本的首要的问题是如何深刻把握和正确理解建成社会主义现代化强国对人才工作赋予的新要求和新使命。

一、实施人才强国战略是实现现代经济发展的必然要求

不论是当今世界还是不断变化发展的中国,要想取得国际竞争地位与人才区位优势,都必须树立人才资源是第一资源的理念。诺贝尔经济学奖获得者、人力资本理论创立者舒尔茨提出:"人类的未来并不取决于空间、能源和耕地,而将取决于人类智力的开发。"拥有杰出、充足、多样化的人才就

---

① 新华网,习近平报道专辑,http://www.news.cn/2021-09-28/c_1127913654.htm.

可以在竞争中占据主动,就能赢得市场与未来。世界银行(World Bank)在一项调查中发现,劳动力接受教育的时间平均每增加一年,国内生产总值(GDP)就能增长9个百分点。舒尔茨教授经过测算,教育资本在增加国民收入中作出的贡献比率为33%。美国在1945年因技术进步而带来的产量增长至少占一半,劳动力增加的因素只占了产出增长的27%。而我国人力资本在经济增长的贡献上仅占35%,发达国家这一数值则为75%,这说明了我国在人力资源的利用上还有很大的发展进步空间,通过人力资源的发展进而到经济增长的潜力还很大。显而易见,如何使人力资源成为经济增长的核心资源将是我们需要长期努力和探索的任务。

二、人口大国转化为人才资源强国是经济社会发展的根本保证

国家兴盛,人才为本;人才培养,教育为本。江泽民同志曾明确指出:"社会主义市场经济体制的建立和现代化的实现,最终取决于国民素质的提高和人才的培养"。培养人才的基础是教育,发展教育最重要的目的就是提高国民素质,而国民素质的提高是长期经济增长和社会进步的保证。国民素质差,经济增长和社会进步都是没有后劲的。"二战"后,日本把教育作为优先发展的产业,1950—1972年,日本教育经费增长了29倍,其中科技进步对国民经济增长的贡献率达52%。我国教育投资占国民生产总值的比重长期徘徊在3%左右,低于6.1%的发达国家平均水平和5.7%的世界平均水平。目前,美国年教育投入已达3500亿美元以上。教育投资是人力资本投资的主要组成部分,是提高国民素质的重要途径。国民素质是一国综合国力的显现,是其国际竞争力的主要方面,是国家经济和社会发展的基础,只有国民素质真正提高,才能实现由人口大国转化为人才资源强国,才能为建设社会主义现代化强国提供坚强的人才保证和智力支持。

三、努力促进人才资源和经济社会发展相协调

当代的国际竞争,是人才资源开发水平和人才选用机制的竞争。目前,我国人才总量相对不足,人才结构不合理,特别是高层次人才较为稀缺。截至2020年,每10万人口中科学家和工程师人数,我国为868人,而日本为

5234 人,美国为 3987 人;在科技工人中,我国高级技工仅占 4.6%,而发达国家为 40% 左右。这要求我们大力发展对人才的教育与培训,完善人才培养机制与教育体系,推动人才总量与国家经济发展的目标相适应,人才结构与国民经济协调发展。同时,继续坚持改革创新并完善人才工作体制机制,发挥人才市场资源配置的决定性作用,围绕科教兴国、可持续发展与西部大开发等战略,有目标、有针对、有指向地吸收调配关键人才和紧缺人才,充分发挥人才资源在经济建设中的关键作用。

第三节　经济发展对人才战略的要求

经济发展与社会生产力发展有着密切联系。马克思在其著作中提出"生产力的发展主要表现为劳动者劳动技能的进步,其根本动力是劳动者"。在经济发展过程中,劳动者居于主体地位。劳动者的作用即人的作用决定了经济发展,而经济发展又取决于人力资源的充分利用。随着经济发展呈现新趋势,要解决关键领域"卡脖子"、产业与消费结构的转型、供给侧改革等方面的难题,需要在管理、生产、研发等各领域都有不同的优秀人才。

随着我国改革开放向纵深推进,市场经济得到了飞速发展,在此形势下,我国人才资源需求的数量越来越多,对质量的要求也越来越高。人才不仅要不断拓展新领域、取得新成果、形成生产力,还要不断提升自我要求,不安于现状,更要成为经济发展过程中的推动者与建设者。

一、经济发展对人才数量的要求

经济发展的客观要求规定了人才在数量上必须同经济发展规模相适应、相匹配。从国际实践来看,发达国家虽然拥有较多的人才数量,但仍然满足不了其经济发展的需要;经济欠发达的国家不断扩大人才数量,以加速其经济发展和社会进步。我国的人才数量与经济发展不适应、不匹配的状况相对严重,因此我国在人才资源开发利用上必须做出适合我国经济社会发展需求的战略规划。

二、经济发展对人才质量的要求

人才质量关系地区的经济发展水平，与其呈正相关关系。一般而言，地区经济发展水平越高，当地人才质量越高。在我国，人才质量相对较低，人才队伍多以中低级为主，高级人才以及顶尖人才数量远低于国外发达国家，一专多能的全方位人才更是稀缺。我国人才队伍质量与我国经济发展水平不相匹配，需要加大力度发掘和培养高级人才，以提高整体人才队伍质量。

三、经济发展对人才专业类型的要求

同经济发展与人才规模和人才质量的关系一样，人才专业类型的要求也必须适应经济发展需要。一般而言，地区越发达该地区的专业人才就越多。随着经济发展水平的提高，要求推动人才结构的战略性调整，充分在选人用人上体现出"高精尖缺"导向，培养一大批具有国际领先水平的高水平科创团队。地方政府出台的人才措施必须与当地经济发展需求相结合，围绕着地方实际情况与需求制定相应政策，以做到人才引进与本地区发展战略与布局同步推进，这样才能实现二者的深度融合。同时还需要政府与市场的协同发力，政府要在人才引进方面做好搭台的角色，发挥用人单位在人才引进与培养过程中的主导作用①。

四、经济发展对人才增长速度的要求

经济发展同时要求人才增长速度与经济发展速度一致。经济高速发展要求人才总量提升，也就意味着人才增长速度也要提高。以国外的经济发展过程来看，发达国家会采取一系列措施使其在高速发展时期的人才增长速度有所保证。在我国，人才增长速度与经济发展还存在一定的鸿沟，我国幅员辽阔、地大物博，各地区发展都需要人才，因此人才的社会总量缺口比较大。

---

① 央视网，《发改委回应"抢人大战"：引才引智更要用人留人》，http://jingji.cctv.com/2018/05/17/ARTIva7nfZVkYX14XjgBf1Ul180517.shtml.

　　对人才从社会功能上进行划分:①战略性人才。一般是具有一定理论和领导能力的专家,做战略就是为一定领域内的活动进行顶层设计,而这个设计的优劣很可能直接影响各下属部门和员工的行动走向以及整体目标的成败。对战略人员的要求,除了对基本分析方法的了解之外,最重要的就是眼光。市场是充满不确实性的领域,所搜集的市场信息只能作为参考,因为这些信息有相当一部分是虚假的,或者猜测的。即使战略目前是相对合理的,在执行过程中仍然会有各种各样的偶然性事件,增加战略的不确定性并扰乱整体进程。②研究开发人才。现代经济的发展需要生产力水平的不断提高作为支撑,要不断在数量和质量上进行突破创新。从 1 到 2 甚至从 1 到 10 都不难,最难的是从 0 到 1,高精尖领域的突破是解决我国"卡脖子"问题的锦囊,而这类研究开发人才的发掘与培养更为关键。这类人才对知识进行系统地整理分析和再传播,独立从事科研实践活动并取得有价值的科研成果,在这个过程中起到知识创新和创造的作用。③高层次企业管理人才。国家、地区经济发展的细胞是企业,企业对人才的管理能力和组织能力很大程度上影响着企业的发展与走向,领导能否将企业的人力、财务、资源按照合理的方式进行分工与配套,是企业能否有效运转的关键。④技术应用人才。应用型人才是指能将专业知识和技能应用于所从事的专业社会实践的一种专门的人才类型,是熟练掌握社会生产或社会活动一线的基础知识和基本技能,主要从事一线生产的技术或专业人才,其与学术型人才是相对的。⑤理论建设人才。随着我国经济社会的不断发展,改革开放不断向纵深推进,现实经济活动遇到了许多问题亟待广大学者从理论上对其进行论证与阐释,如何运用马克思主义理论并结合我国实际对我国发展面临的困境与难题进行分析并提出科学可行的解决方案,是我国自然科学与社会科学工作者不可回避的问题。⑥复合型创新人才。复合型创新人才是指在某一特定领域具有一定能力的人,也是当前企业急需的一种人才。复合型创新人才掌握了若干个专业学习的知识,具备了若干个岗位工作的能力,并且可以让这些知识与能力融会贯通,得以充分渗透结合且发挥出最大效用。习近平总书记在清华大学考察时指出,要用好学科交叉融合的"催化剂",对现有学科专业体系进行调整升级,推进新工科、新医科、新农科、新文科建设,加快培养社会紧缺人才①。这里提到的"社会紧缺人才",主要指的就是复合型创新人才。

【案例与讨论】

辽宁丹东:"青年人才引进计划"助力人才回流

调研显示,受经济总量小、产业结构单一、工资水平低等因素制约,辽宁省丹东市青年人才吸附力不强。2010年至今,全市每年约有1.2万人考录全国大专以上院校,回丹就业的不足3000人,流失率高达75%。

2020年以来,丹东市不断拓宽青年人才回流渠道,大力实施"青年人才引进计划",通过吸引本土"归巢"人才、选聘"名校优生"和招录社区工作者等方式,集聚3000余名优秀青年人才来丹东就业创业。

一、选聘"名校优生",储备干部队伍后备力量

为加强年轻干部源头储备,丹东持续开展"名校优生"选聘工作,为事业单位集聚大批高学历、高素质的优秀青年人才。

(一)开展试点直招

2020年,针对事业单位人才流动、使用、评价等方面存在的体制机制障碍,丹东决定率先在市属医院、学校、新闻媒体等事业单位进行自主选用人才改革试点,制定出台《市属公立医院、学校、新闻媒体选用人才实施办法(试行)》,从岗位管理、人才招聘、激励保障等方面进行政策突破,赋予用人单位更多的选用人才权力。鼓励医院、学校和新闻媒体根据实际需求,面向主管部门确定的高校,自主直招本单位主系列专业技术岗位人员。政策实施以来,开展"校园招聘"50余场,为丹东市医院、学校和新闻媒体单位直招高校毕业生500余人,极大缓解了教育、卫生等领域专业技术人才短缺的问题。

---

① 光明网,《以新文科建设大力推荐创新人才培养》,https://theory.gmw.cn/2022-07/10/content_35872663.htm.

（二）逐步扩大范围

2021 年,继续加大向用人主体放权力度,将"直招"工作扩展至所有全额拨款事业单位,每年拿出 100 个左右急需紧缺专业技术岗位,采取"直接聘用"方式引进"双一流"高校本科以上学历和普通高校全日制硕士研究生以上学历毕业生。支持用人单位根据需求自主开展引才工作,不设开考比例要求,允许用人单位在本单位编制总量范围内,自主制定招聘计划,自主确定考试时间,自主设置招聘岗位、招聘数量、聘用条件和所需专业,自主选择考核方式。截至目前,全市 40 余家事业单位直招急需紧缺专业人才 113 人,为党政机关、民生保障、乡村振兴等领域储备了一批优秀后备干部。

（三）强化管理培养

着力在"名校优生"培养锻炼上下工夫,形成引进培养使用的闭环管理模式。综合考虑"名校优生"性格特点、专业特长和成长经历等,丹东推行"一人一策"个性化培养模式。通过"以老带新"方式,帮助他们快速熟悉工作业务。坚持对口定向原则,有计划地安排"名校优生"跨行业、跨部门进行锻炼,开阔眼界、增长才干。坚持把"名校优生"选派到乡村振兴一线、应急处置一线和信访维稳一线等困难多、任务重的岗位进行实践锻炼,2022 年,600 余名"名校优生"全部下沉社区,彰显新时代青年担当。

二、建强社区工作者队伍,充实基层治理工作力量

社区工作者是基层治理的骨干力量,丹东市多措并举,广泛吸纳青年人才到社区任职,持续优化社区工作者队伍结构,有效推动社区工作者队伍职业化、专业化、年轻化。

（一）面向社会公招

坚持公平、公开、公正的原则,面向社会公开招聘政治素质好、35 周岁以下、大专学历以上,具备组织协调、应急处置能力且热爱社区工作的优秀青年人才担任社区工作者,对于曾经从事过社区工作和基层治理相关工作的人员适当予以加分。目前,已公开招聘社区工作者 377 人。

（二）实行梯队培养

在凤城市试点建立"兼职网格员—专职网格员—社区工作者—社区'两委'成员"动态梯队培养机制。对于兼职网格员符合规定条件且表现优秀的,推荐报考专职网格员,并给予适当加分;面向社会公开招聘专职网格员107名,试用期满、考核合格的直接转为社区工作者;社区工作者中表现较好、能力突出的,通过依法选任程序培养为社区"两委"成员。

(三)实施定向选聘

以宽甸县为试点,探索从差额拨款事业单位人员和自收自支事业单位人员中定向选聘65名社区工作者到社区工作,推动人才向基层一线流动。依此法选聘的社区工作者编制、岗位(职称)级别、档案工资纳入原单位管理,实际工资发放按照同岗位社区工作者标准予以兑现。工作满3年,考核优秀的,结合本人意愿,拟优先进入财政全部补助编制(全额)等相应待遇或重新调转至财政全额单位工作。

三、吸引"归巢"人才,培养乡村振兴中坚力量

丹东市大力开展本土人才"归巢"行动,吸引青年人才回村工作。

(一)吸引人才回流

以县区为主体,丹东发挥组织部门牵头抓总作用,发动镇村两级党组织,"三级联动"开展"地毯式"调研,摸清本地区在外学子底数,建立定期联络机制,通过组织一次岗位体验、举办一次面对面座谈会、开展一次慰问走访、形成一个常态化服务清单等"四个一"联系服务活动,向在外学子宣传家乡新貌、利好政策和发展前景,家乡掌握学子工作意向、素质能力、思想顾虑等,搭建双向沟通桥梁,有针对性解决"回"的后顾之忧,营造"归"的浓厚氛围。

截至目前,丹东市所辖3个县、市(东港市、凤城市、宽甸县)共选聘339名"归巢"大学生到村任职。其中,东港市已实现206个行政村每村至少一名大学生全覆盖。

(二)开展专项培训

采取入学教育、集中授课和现场教学相结合的方式,对"归巢"大学生进行专项培训。邀请省、市知名专家学者,以地区概况、产业发展、电子商务为培训内容进行集中培训,安排本地"土专家""田秀才"和优秀村书记开设"田间课堂",开展现场教学,进一步帮助"归巢"大学生增强回报家乡意愿、增进岗位理解、提升专业技能,让他们尽快转变角色,尽早融入乡村。将符合条件的"归巢"大学生作为村"两委"后备力量,安排"归巢"大学生担任村书记、主任助理,加强储备培养,拓宽发展路径,激发"归巢"人才干事创业热情。2020年村"两委"换届中,18人被选举为新一届村"两委"成员,有力推动村干部队伍学历、年龄"一升一降"目标的实现。

(三)发挥带动作用

"归巢"大学生返乡后积极投身创业富民大潮,领办合作社,创办经济实体,开展网上销售,66人在本村拥有草莓、软枣、蓝莓等产业,82人带头进行电商销售,通过直播带货、开设网络店铺等方式,帮助村民打开网络销路,提高农产品知名度,用学识和智慧带领乡邻走上"致富路",成为农村创业创新和助推乡村产业发展的"领头雁"。他们活跃在产业发展、基层建设、村容治理等乡村振兴工作一线,在渔船管控、人口普查、疫情防控等急难险重工作中积极出谋划策、冲锋在前,成为乡村振兴发展的一支中坚力量。

(来源:《中国人才》杂志 2023 年第 12 期)

思考与讨论

(1)你认为各地人才引进政策的不同受哪些因素的影响?

(2)关于该地的人才引进计划,你有什么经验启示?

第三章

人才环境战略

【案例导入】

名校硕博生扎堆,小县城的工作为何如此吸引人

名校硕博毕业生去县城工作?乍一听,这消息让人有些吃惊,但从媒体报道来看,事情恐怕没有外界想象得那么简单。近日,浙江省丽水市遂昌县发布的一份公示名单引发舆论热议。据澎湃新闻报道,这份《2022年遂昌县面向世界一流大学引进优秀毕业生入围体检人员公告》显示:24个工作岗位的入围人员几乎全部来自"双一流"高校。他们中有4名博士、19名硕士,本科毕业生仅1人,而对应的岗位除了专业技能类,还有一些乡镇、街道的基层工作岗位。这24名应聘者几乎都毕业于名校。

即便在一线大城市,如此密集引进名校硕博毕业生,也会让人觉得就业越来越"卷"。一个看似普通的小县城,为何能有这样大的"能量"?平心而论,就业属于双向选择,招聘单位既要愿意招,应聘方也得愿意去。我们不能只看到就业的内卷形势,还得细细观察招聘方的特点。换言之,搞清楚招聘方的吸引力,才能看清这些名校硕博毕业生的选择。

遂昌县位于浙江省西南部,归丽水市管辖,虽然只是个小县城,但当地生态环境优越,群山环绕,被称为"天然氧吧",而且,当地的经济发展水平也不错。据当地政府发布的《2021年遂昌县国民经济和社会发展统计公报》显

示,据初步测算,2021 年全县 GDP 为 153 亿元,按可比价格计算,比 2020 年增长 12.0%,可谓增速很快。人们更关心的当地城镇居民可支配收入,在 2020 年就超过了 5 万元,这在整体比较富足的浙江省也能排在中间水平,比全国多数地方都要好。因此,当地绝非什么"穷乡僻壤",而是有着一定的发展潜力。

更重要的是,这次遂昌县的招聘,给出了极大的优惠政策:"符合首次新引进到遂昌工作的全日制硕士研究生、高考第一分数段录取的全日制本科生,可享受 45 万元政策奖励,包括一次性房票补贴 30 万元;生活津贴 3 万元/年,可享受 5 年。"虽然从高考录取分数段来判定求职者"水平"的做法,会引起外界关于"定向招聘"的担忧,但这从侧面来看,也凸显了当地对名校生和高学历人才的重视。

对于全日制博士研究生,遂昌县则直接给出 75 万元的政策奖励。只要是全日制博士,就能享受一次性房票补贴 50 万元,生活津贴 5 万元/年,可享受 5 年。直接给钱,而且还是巨额的优惠政策,在全国都不多见。一次性给几十万元的补贴,这对刚毕业的学生来说显然有足够的吸引力。毕竟,很多同龄人在大城市漂泊几年,也未必能赚到这些钱。

那么,很多人关心的买房难问题,在当地是否也存在呢?如今当地平均房价为 1.3 万元左右,跟丽水市的平均水平差不多。虽然不算很便宜,但考虑到江浙地区的房价整体都偏高,相较于杭州、南京等大城市,遂昌的房价并不算高。更何况,被当地引进的名校硕博生还有 30 万~50 万元的一次性购房补贴。工作几年后,凑个首付应该问题不大。而且,录取者都被纳入事业编制管理,也有一定的晋升空间,对职场新人来说,这些都是极具吸引力的因素。

经过上述分析可见,遂昌县给录取者提供的福利条件,整体上还是比较实惠的,相比在大城市漂泊的不确定性,在经济发展较好的县城定居,对很多人来说,也是不错的选择。

从县城发展的角度来说,吸引优质人才进入当地就业和定居,对提升县域经济、优化基层政治生态也有帮助。当地能够吸引外部人才流入,其实也证明了其经济和社会发展的潜力,进而形成一个正向循环,将更多优秀的年轻人吸引过来。

在当前,个别县城开出的优惠政策有重要借鉴意义。只要当地有较好的经济基础和发展前景,再加上足够有诚意的优惠政策,就不愁吸引不来优质人才。

（来源：中国青年网）

第一节　人才环境战略基本内涵

人才资源作为第一资源,在一定程度上决定着一地区经济是否能快速稳定发展。人才的竞争归根结底就是人才发展环境的竞争,如何拥有人才并能够留住人才、如何营造良好的人才发展环境已成为当务之急。环境好,则人才聚、事业兴;环境不好,则人才散、事业衰。由此可见,人才集聚与人才环境的优越程度密切相关。2021年5月28日,习近平总书记在两院院士大会上发表重要讲话,他在论及人才工作时指出:"我们着力实施人才强国战略,营造良好人才创新生态环境,聚天下英才而用之,充分激发广大科技人员积极性、主动性、创造性"①。深刻表明了"营造良好人才创新生态环境"对于"着力实施人才强国战略"具有重大的现实意义和深远的历史意义。

一、人才环境的含义

环境是指某一特定生物体或生物群体以外的空间,以及直接或间接影响该生物体或生物群体生存的一切事物的总和,主要分为自然环境与人文环境。人才环境是人才可感知的对其生存、成长、发展有所影响的外部环境,是造就人才、吸纳人才、充分发挥人才作用的各种物质条件和精神条件的总和。人才环境与人才发展存在一定的辩证关系,良好的人才环境能增

---

① 习近平:《加快建设科技强国 实现高水平科技自立自强》,新华网,http://www.xinhuanet.com/2022-04/30/c_1128611928.htm.

加人才对单位的归属感和幸福感,能使其全身心地投入自己的工作中,能激发其积极向上、奋勇争先的工作态度。恶劣的人才环境会使人才产生惰性与埋怨情绪,无法正常地完成工作任务,最终导致人才的流失,危害企业的健康有序发展。在人才竞争你追我赶、摩拳擦掌的今天,如何营造一个良好的人才环境,吸引人才以及更充分有效地发挥人才的潜能与作用显得尤为关键。

二、人才环境的分类

(一)根据环境的存在形态划分

人才环境按其存在形态可以划分为硬环境和软环境两大类。硬环境主要包括自然环境、基础设施、工作环境、生活环境等;软环境主要包括政治环境、经济环境、人文环境、社会环境等。人才硬环境与人才软环境存在密切的联系,这种联系体现为一种辩证关系,如下所述:

(1)人才硬环境是人才软环境的基础和支撑。人才硬环境作为一种人才成长发展的硬性外部条件在很大程度上决定着一个地区的综合竞争实力,经济基础决定上层建筑,一个地区人才软环境的发展受到人才硬环境的制约。良好的人才硬环境同样也会为发展和完善人才软环境提供有力支撑。

(2)人才软环境是人才硬环境的重要推动力。人才软环境能够增加人才对用人单位的好感,人才软环境的优劣直接影响经济发展的活力与动力、优势与机遇。人才软环境大到地方文化底蕴、小到企业文化积淀,大到地方民众的思想境界、小到企业员工的道德品行和精神品格。人才软环境针对的是人才的归属感与幸福感,可以说是一种氛围式的环境,在推动经济发展与促进人才硬环境完善方面有至关重要的作用。

因而,人才硬环境与人才软环境不是相互对立的,不是二选一的选项,而是可以相辅相成、齐头并进的,既要两手抓,又要两手都要硬,才能更好地建设一个优良的人才成长发展环境。

(二)根据环境对人才的作用特征划分

依据环境对人才的不同作用可将人才环境分为政策、社会、生活、服务等环境。政策环境是指与人才工作相关的政策措施配套、宣传、落实等总和,包括了政策的受益度、执行体验度等;社会环境是指社会对人才的认识、重视和尊重程度及所形成的社会风气或氛围;生活环境是指人类生活、活动所依存的各种外界环境要素的总和,它包括大气、水、土壤、住宅以及健康相关产品等;服务环境是指为了吸引人才、留住人才、用好人才的软环境和硬环境的总和,包括规章制度、科研平台、服务保障等。

三、人才环境优化的对策建议

贯彻落实人才战略,创造一个和谐、良好的人才环境是关键。良好的人才环境主要体现在体制、人文和生活上,健全的体制机制、和谐的人文氛围、舒适的生活环境都影响着人才的脱颖而出与成果转化。环境出生产力,只有创造了良好的人才环境,我们才能吸引人才、发现人才、培养好人才、用好人才。反之,如果没有良好的人才环境,即使人才站在面前也会看不到、用不好,导致优秀人才外流。这既是多年来人才工作的理论总结,也是国内外人才得失兴衰的真实写照。

1. 打造政策环境,健全制度吸纳人才

打造政策环境,健全制度吸纳人才是实现人才战略的核心要素,这需要我们把人才战略置于当今整个社会大变革中去定位和思考,从顶层设计入手,建立健全引才聚才育才的政策体系,不断加强人才政策吸引力。以习近平总书记关于新时代人才工作重要论述为指导,围绕中央省市人才队伍建设的政策文件,结合实际,健全完善以"十四五"人才发展规划为主的人才政策体系,发布具有区域特色、富有吸引力的人才发展政策,推动人才工作与经济社会发展深度融合,为人才支撑提供制度保障。同时,落实已有人才政策,兑现已有承诺,让人才真正享受到政策的红利,不断提升政府的公信力,吸引各类人才"落地生根"。

2. 营造社会环境,扮靓形象集聚人才

营造社会环境,扮靓形象集聚人才是实现人才战略的重要方面,它反映了一个地区或单位上至领导集团下至一般社会公众对人才的认识程度及所形成的风气或氛围。人才在这个地区或单位具有荣誉感,受到尊重,他才能热爱这个地方并愿意为此奉献才华。有了良好的政策环境,还应该加强各类人才政策宣传和舆论引导,营造重才爱才的社会氛围。一是要充分利用网络、电视、微信公众号等媒介,大力宣传党和国家关于人才工作的大政方针,筑牢人才引领发展的战略地位。二是要开设人才专栏,通过专家讲授、专题访谈、新闻宣传、信息报送等形式,定期推送"一把手谈人才""人才政策解读""人才典型"等系列专题,大力宣传报道人才工作的好经验、好做法、好典型,号召和引导全社会把人才当榜样,对人才有尊重,让人才有地位的价值取向,大力营造"尊重劳动、尊重知识、尊重人才、尊重创造"的社会氛围。

3. 创建生活环境,提高质量吸引人才

创建生活环境,提高质量吸引人才是实现人才战略的基础条件。随着生活条件的改善,人们首选要居住在优美的环境。发达国家除了用较高的薪酬待遇吸引人才,优美舒适的生活环境也是留住人才的重要原因。因此,我们在优化改善人才环境时,必须十分注意优化生活环境,吸引海内外优秀人才到本地安居创业。创造和谐的人文环境和优美的生活环境需要政府及社会各界共同努力。

4. 优化服务环境,主动服务留住人才

不断优化服务环境是实现人才战略的重要保障。服务环境不仅包括能够形成人才竞争优势的硬环境,还包括吸引人才、留住人才创新创业的软环境。要把软环境变"硬",健全分层分类联系专家人才机制,党委(党组)班子成员亲自联系一批专家人才,定期与专家人才进行交流,听取意见建议,当好服务人才的"后勤部长";统筹开展好专家疗养、休假、体检、慰问等活动,探索推行政策咨询、待遇落实、子女入学等一站式服务,精准联系服务各类高层次人才;要把硬环境变"优",从人才最关心的住房等问题入手,抓好人才公寓建设和运营管理;建立高层次人才优先服务制度,设立"优才卡",开通人才服务绿色通道;全面强化人才发展专项资金纳入本级财政预算工作,加大对人才生活补贴、项目支持经费、团队建设经费和工作经费的保障支撑,为人才创新创业解决一切后顾之忧,让各类人才安身、安心、安业。

第二节　人才硬环境

一、人才硬环境基本内涵

人才硬环境是构成人才环境中的实体形态,即硬件条件。主要包括经济实力、基础设施、薪资待遇、资金经费投入等外在形态。人才硬环境在很大程度上是制约一个地区人才软环境发展水平的重要因素,良好的人才硬环境会为人才环境的发展完善提供有力的支撑。具体包括以下几个内涵:

就存在形式来说,人才硬环境是一种物质环境。作为一种物质性环境,它是指特定的自然地域和人为创造的特定物质性空间。其不依赖于人的知觉和经验,具有静态的和硬性的特征。

从条件准备来看,由于人才硬环境是由有形物质条件构成的空间和场所,能够在第一时间非常直观地呈现出来,因而其重要性、紧迫性容易吸引大家的目光,从而也更容易引起大家的重视。

人才硬环境的需求比较具体、明确,是人们的直观感受,一旦满足即可看到成效。在这种情况下,人们比较重视建设人才硬环境。

二、人才硬环境的功能

1. 能够帮助人才实现自我价值

人才资源与其他资源相比最突出的优势就是在合理培养的条件下能够不断升值。因为人才都是有自我实现的追求,其理论依据来源于马斯洛需求理论的最高层次需求。在这种情况下,人才通过不断实现自身价值而达到自我能力的提升。这种追求主要有两种类型:一种表现为经济形态,包括薪酬福利、社会保障、子女上学等;另一种表现为精神形态,主要包括晋升空间、社会地位、受他人尊重、获得成就等。在经济全球化飞速发展的今天,人才对自身价值的认识不断深化,对如何实现自身价值也有了深刻理解,因而也产生了越来越高的价值追求。要想吸引这部分人才来建功立业,就必须创造一个优良的环境为其实现价值提供条件,而良好的人才硬环境,帮助人才实现自我价值发挥重要作用。

2.能够加速人才成长发展

经济全球化与市场化的快速发展让人才从一开始的追求薪资福利待遇转向了追求更好的个人发展与职业晋升目标。目前,有潜能与本领的人才更期望一个具备成熟培训制度、能使其快速发展、有良好职业生涯规划、有光明发展前景的企业和行业。加速人才成长发展是新时代人才环境建设与优化的内在要求。要落实这一要求,就要为人才的培养与成长提供一个良好的人才环境——合适满意的工作、职位、职务,并为他们提供施展才华的空间与舞台。

3.能够满足创新创业需求

创新创业能加速国家地区的经济与科技发展进步,也是人才工作成就的最好体现。吸引聚集高水平、高层次人才特别是高新技术型与科技创新型人才的重要举措就是要营造一个良好、宽松的创业创新环境,其必须具备三方面条件:①必须对创新创业人才的干扰降到最低,让他们能按其目标全身心地投入科研之中,并为创新创业团队与项目研发组提供满意的环境条件;②必须尽全力为创新创业者提供所需的一切服务,及时帮其解决所遇到的困难,解决他们的后顾之忧,为其提供良好的生活保障,满足科研人才的住房安居、子女上学、家属就业、医疗服务等需要;③必须保证创新创业者在此比其他地方更快更好地取得成果,取得比其他地方更好的回报,更加关注团队领军人物的重大技术研发以及成果转化、高新技术产品推广等。

三、人才硬环境的影响因素

1.居住环境因素

人才对宜居环境的追求日益注重,对地方文化的吸引力越来越关注,民生建设带来的满足感的期望值越来越高。除了满足人才的衣食住行等基本生存需求,还要考虑当地环境的自然舒适性和人工舒适性,以及舒适性的相关指标:环境以及气候。当今社会的生态环境问题日益突出,环境污染对人类造成的不良影响越来越明显,如空气质量等生态环境因素也成为人才环境重要考察指标。一个地方的自然舒适度和人工舒适度越高,就越容易吸引优秀人才。

2. 安全保障因素

安全一般是与身体健康、生活稳定、自身财产等有关的事情。一个地方经济社会发展的前提条件就是社会安全,安全的公共环境可以促进各项事业稳定发展。另外,医疗条件优质与丰富也是地方吸引力的重要体现,如果一地区有着雄厚的医疗资源,那么将会对应届临床医学的毕业生产生巨大的吸引力,促使其留下为当地医疗事业做贡献。

3. 社会环境因素

舒适性是指劳动力在环境中所感受到的精神上的满足感,这主要源于地区特有的人文、自然的氛围环境。良好的社会环境与公共服务能为当地吸引更多的优质人才,不仅能使其拥有一定满足感,还能为其满足社交需要提供平台。社会环境优劣的评价指标有很多,其中主要的有社会活力、文化氛围、教育资源等。社会环境还包括文化休闲,一个地方所拥有的教育资源是吸引人才的重要方面,是人才深造、子女教育的重要影响因素。

4. 自我实现因素

马斯洛需求层次理论的最高层次需求是自我实现需求。自我实现需求是人们渴望实现自己价值、理想、抱负,在工作中施展自己才能的一种需求。地方对创新人才的需要能用几个指标来体现:科创活力、经济活力、开放程度。在科创活力方面,主要体现在研发经费投入数、产学研合作程度等;在经济活力方面,一个经济活力旺盛的地区会有较强的人才吸引力,能把人力、资本等流动性强的生产要素吸引来;在开放程度方面,高校留学生数量、国际交流会议的数量、世界五百强总部数量以及主要国际组织总部的数量都能展现一个地区的包容性与开放性。

第三节　人才软环境

一、人才软环境基本内涵

人才软环境主要反映一个地方的文化观念形态、文化底蕴以及公众的思想境界、修养品位和精神品格等内在潜力,是构成人才生态环境的一切无形的因素。人才软环境不仅包括人才发挥作用所需要的核心条件,如知识更新和再学习的信息交流环境、文化环境,知识转化所需要的政策环境,施展才能所需要的产业和行业地位,还包括开展工作所需要的人际关系环境甚至生活习惯等。

具体包括以下三个内涵。

1. 存在形式

人才软环境是一种潜在的、意识的、精神的、需要被感知的环境。它反映了社会风气、文化底蕴、精神风貌、交流方式等情况,是一个为人所体验和能动感知的、具有动态性特征的世界。

2. 条件准备

人才软环境由各种无形的精神因素所组成,其重要性与影响力不是立竿见影的,而是潜移默化、缓慢呈现的,因此很可能被人们忽视。

3. 时间显现

人才软环境作为一种精神环境,其需求是模糊的,以至于难以对其进行量化,需要长期的酝酿与营造,而不是一投入就会见效,这也是为何人们会忽略软环境的因素之一。因而在这种情况下,不能仅仅重视硬环境的建设而抛弃软环境的营造,否则硬环境的优势会因软环境的缺点而被消磨,最终导致两种环境在恶性循环中产生更为负面的影响。

二、人才软环境的功能

1. 人才软环境具有不可替代性

在科技发达的今天,一个地区是可以完全克隆另一个地区的人才硬环境的。但是在人才软环境上,却不能够复刻甚至模仿。因为软环境归根到底是文化积淀而形成的,而一个地区的文化又具有其地域性、独特性、长期性,无法在短时间内营造出来。人文素质、底蕴、精神、品位的体现是知识、心理、观念的影响下共同塑造的结果,是继承传统与改革创新的有机统一,其对人才的吸引力是无法替代的。

2. 人才软环境在人才生态环境中的地位突出

良好的人才软环境可以使人们为了实现预订的目标,自觉运用自身的智慧和能力,改造自然界与人类社会。它是"以人为本"理念指导下对人才生态环境的认识和理解。国内外研究表明,人类社会高度发展之后,人才赖以生存的环境主要为软环境,硬环境只起辅助作用。

3. 人才软环境建设是提升人才生态环境竞争力的必然要求

地区经济社会发展活力既取决于"硬环境"的好坏也取决于"软环境"的优劣。一个国家、一个地区、一个城市不仅应该拥有高水准的城市建筑,高品位的工作和生活条件,高活力的市场经济秩序,高效率的法律法规体系,而且还应该用制度活力提升整个民族的人文精神,营造自由、民主、开放、和谐等有利于人才全面发展的社会人才软环境。实践证明了"软环境"就是一种吸引力与感召力,人才"软环境"好的地区,经济社会就充满生机活力;人才"软环境"差的地区,机遇与优势就相对较少。

发展中国家普遍面临着一个严峻挑战:人才软环境建设落后于人才硬环境建设。从比较优势与机会成本来看,在人才硬环境相差不多的情况下,人才软环境就成了人才竞争力大小的决定性因素。因此,在我国相对落后的地区还难以建设优良的人才硬环境的条件下,要想加快提升人才竞争力,就必须加快建设人才软环境。人才软环境不是速成品,是随时间推移不断发展积淀的,如果在硬环境发展起来后才想着建设软环境,在一定程度上会制约人才目标的实现。

三、人才软环境的影响因素

1. 体制因素

体制环境是影响人才软环境的主要因素。随着我国改革开放的深入发展以及社会主义市场经济体制的成熟,对应的人事管理体制也顺势调整,重点调节政府与社会组织之间的相互作用与影响,比如政府与企业既有一定形式的合作也有一定程度的限制,这种辩证关系促使政企关系的协同良性发展。一个充满朝气、生机蓬勃、活力旺盛的人事人才管理机制不是哪一方营造的,而是需要多方的共同努力、协同合作,并且坚持实事求是的原则。

2. 政策因素

政策作为一种导向,使所有政策受体在这种安排、指挥或限制下有所为或有所不为。用人与分配政策对于人才成长与潜能的发挥更是起到昭示、导向、驱动作用。必须切实重用德才兼备的人才,让人才在自己的专业领域下发挥最好的作用,让人才能充分发挥其才能也是留住人才的一个主要因素。随着人才争夺的不断加剧,各地部门积极改善相关的政策环境,出台了许多吸引人才的政策,但我国人才政策环境建设还存在许多可完善的空间。

3. 人文因素

人文环境作为一种无形的力量,与全社会都密切相关,不仅包含整体性的概念,还代表着全体社会共同营造的一种风清气正的氛围。良好的社会氛围可以激活人才,恶劣的社会氛围会扼杀人才。要想改善与优化人文环境,首先必须营造"四个尊重"的社会氛围,即尊重劳动、尊重知识、尊重人才和尊重创造;其次要在全社会树立一种鼓励竞争、包容失败的良好氛围;最后要提倡"肯干事、能干事"与"尚贤"的风气。

4. 人际因素

人际因素主要体现在团队中的良好氛围。一个机构或单位想留住人才必须具备两条至关重要的人际环境因素:一是团队和谐度,是指团队对人才的包容力与亲和力,团队和谐度高的组织在对待人才时更加宽容,更能包容人才的错误和问题,新加入的人才也能更快地从陌生人转变为熟人;二是团队核心与领军人物有较高情商,即强大的人格魅力,他能使新加入者的困惑与疑虑在这种魅力下迅速转化为追随力。良好的人际环境就像一首高度和谐的交响乐,有巨大潜能的人才能在这种环境下最大限度地激发出他的无限能力。

【案例与讨论】

山东烟台:打造青年发展友好型城市

锚定青年发展友好型城市建设目标,山东省烟台市从 2021 年开始启动实施青年人才"百千万"集聚计划,聚焦重点产业、重点行业和重大项目人才需求,通过构建组织保障、政策扶持、协同招引、服务保障体系,加快吸引集聚以大专以上学历高校毕业生为主的青年人才来烟台就业创业。

一、构建全链条青年人才组织领导体系

把青年人才招引作为"一号工程",举全市之力强势推进。

(一)强化工作统筹

将实施青年人才"百千万"集聚计划写入市十四次党代会报告和十八届人大一次会议政府工作报告;印发《烟台市青年人才"百千万"集聚计划实施方案》,明确 56 项具体任务。

(二)强化力量统筹

整合部门力量,将团市委等与青年人才工作密切相关的部门纳入人才工作领导小组成员单位;借势高校力量,先后在 14 所驻烟高校和 25 所"双一流"高校设立招才引智工作站,聘请 88 名校园招才引智大使;激发市场力量,推出企业引才和中介荐才奖励措施,引才成效显著的给予奖励。

(三)强化考核统筹

制定青年人才区市发展指数、市直部门贡献指数、驻烟高校毕业生留烟贡献指数三大评价体系,设置人才集聚度、岗位供给度、求职活跃度、服务满意度等 4 个一级指标、65 个二级指标,全面、科学、系统地评判青年人才工作成效。

二、构建广覆盖青年人才政策扶持体系

按照"最优加一点"要求,全面强化政策硬核支撑。

（一）提升政策"含金量"

将生活补贴和购房补贴范围从"双一流"本科扩大至所有高校本科及大专，从企业扩大至所有事业单位，从市属单位扩大至所有中央、省属驻地单位。市级人才工作经费由 2021 年的 1.4 亿元增长至 2023 年的 8.2 亿元，增长 4.9 倍。

（二）提升政策"便享度"

开通人才补贴"一站式"网上申领平台，实现市县两级人才补贴一网通办全程网办，政策找人、无形认证，审核公示结束后 10 个工作日内，补贴资金直接发放到个人银行账户，真正实现"零见面""零填表""零跑腿"。政策升级以来，发放青年人才补贴超过 6 亿元。

（三）提升政策"知晓度"

开发人才政策电子词典，只要输入个人相关信息，即可实现一键精准查询，累计提供查询 7.8 万人次。市县联动开展"人才政策进高校、进企业、进机关、进院所"活动 2532 场次，覆盖 3217 家用人单位。对符合补贴申领条件的 3 万多名青年人才，逐一定向推送手机短信，提醒及时申领补贴。

三、构建立体化青年人才协同招引体系

面向高校、平台、活动 3 个维度，构建招引新矩阵。

（一）聚焦高校

针对市外高校，开展"名企名校行"活动，由 6 名市级领导带队，组织 2000 多家企事业单位，分 6 条线路赴 65 所高校集中揽才。针对驻烟高校，开展"千企万岗进校园"活动，组织 3000 多家企事业单位，面向 19 所驻烟高校提供 2.4 万个就业岗位。针对海外高校，开展"海聚山东·慧聚烟台"专项招引行动，与全韩中国学人学者联谊会等 15 家海外社团建立合作关系，面向海外留学生推荐 2000 多个优质岗位。针对"双一流"高校，定向实施青年干部人才"菁英计划"，选聘 364 名优秀毕业生，其中博士 50 名，作为年轻干部储备人选进行重点培养。

（二）聚焦平台

打造线上招聘平台，开发"烟台好工作"网站和"优聘·烟台"小程序，发布招聘岗位 2.4 万个，常态化开展"云聘会"450 多场次。打造创业孵化平

台,累计建成创业孵化平台 73 处,孵化面积 81 万平方米,在孵企业 2000 多家,提供创业培训服务 10 万人次。打造科研创新平台,累计建成国家博士后科研工作站、博士后创新实践基地 53 家,吸引集聚博士后 200 多名,并于 2023 年 10 月承办第二届全国博士后创新创业大赛。

(三)聚焦活动

以青年科技人才为主体,举办山东省高层次青年人才烟台对接会,在驻鲁高校与本土企业互派"科技副总""产业教授"45 名,发布"揭榜挂帅"项目 41 个,达成合作项目 17 个。以青年创业人才为主体,举办第七届中国·烟台海内外精英创业大赛,吸引 279 个项目参赛,其中,80% 具有博士学历。

四、构建多维度青年人才服务保障体系

坚持把青年人才牵挂的"关键小事"当成"头等大事"去办,构建与事业发展相匹配的人才生态环境。

(一)开辟"乐业无忧"绿色通道

在全市 206 个服务窗口开辟人才绿色通道,配备 710 多名服务专员,公开服务流程和服务电话,提供全流程服务,并同步搭建"一站式"网上服务平台,全面实现人才服务"智能办""掌上享"。

(二)提供"乐享无忧"专属服务

将落户门槛降至中专,在各级人社部门设立集体户,为未就业人才集中管理户口;市县筹集 1.5 万套人才公寓,面向人才半价出租;人才子女可自主择校,配偶可 1 个月内办理调动手续;调剂 1000 个事业编制,专项用于安置高层次人才及其配偶;推出"人才交通卡",持卡可 3 年免费乘坐公交车。

(三)营造"乐活无忧"城市氛围

围绕青年人才品质化生活需求,打造朝阳街、所城里等 10 处特色步行街区,建设 29 处青年人才会客厅,8 处时尚运动主题公园,布局 100 多个音乐餐厅、艺术画廊等休闲娱乐场所;招募 600 多户商家成立人才服务联盟,提供"吃住行游购娱"等领域折扣优惠和贵宾服务。

(来源:《中国人才》杂志 2024 年第 1 期)

思考与讨论

(1)地区人才环境构建在人才竞争中发挥什么作用?

(2)你认为加强人才环境构建应该从哪些方面着手?

第四章

人才战略发展的时代特点

沧州"四大机制"加快打造新时代人才强市

面对日益激烈的人才竞争形势,沧州聚焦全市产业空间布局和经济社会发展对人才的需求,进一步回应人才安心、安身、安业的诉求,在广泛调研、充分论证、集思广益的基础上,以省内最优为目标,研究制定了《关于加快建设新时代人才强市的实施方案》,通过打造"四大机制",聚焦"引育留用"4个环节,全方位培养、引进、用好人才,加快打造新时代人才强市。

打造以全球揽才为目标的引才机制。实施高精尖人才(团队)引领工程、主导产业急需紧缺人才引进工程、海内外柔性引智工程、高校毕业生集聚工程"四大工程"。①创新柔性引才具体举措,破解全职引进难题,参照引进人才当年劳动报酬按比例对用人单位予以补贴,引导用人单位做好京津"周末工程师"文章。②高标准制定高校毕业生支持政策。提高新引进的全日制博士学位研究生、"双一流"建设高校全日制硕士学位研究生购房补贴标准,首次提出给予一流大学和一流学科全日制学士学位毕业生购房补贴。鼓励高校毕业生自主创业,提高高校毕业生贷款额度、加大财政贴息比例、增加贷款次数、政府提供担保。高校毕业生引进支持力度在省内达到一流水平。

打造以集聚提质为目标的培养机制。针对重点领域人才培养不足、企业经营管理人才层次低、金融人才普遍缺乏等问题,实施科技人才支持计划、企业经营管理人才提升计划、高技能人才培养计划、乡村人才振兴计划、金融人才提质计划、重点领域专门人才支持计划等"六项计划"。

打造以精准服务为目标的保障机制。聚焦人才最关心关注的现实问题,以沧州狮城人才服务卡为纽带,对编制保障、配偶及家属安置、子女教育、住房保障、医疗保障等各项服务全面升级加码。①周转编制保障力度大。对新引进的沧州狮城人才,将各单位的行政空编统筹使用,作为引进人才用编;建立事业编制"周转池"制度,将深化事业单位改革等渠道精简收回的事业编制,作为引进人才使用的周转编制。②配偶及家属就业安置政策优。对新引进的沧州狮城人才的随迁配偶及家属,按照对口相适原则安置;配偶未就业的,全日制硕士学位研究生及以上人员,可选聘到事业单位就业。③子女入学照顾面广。对人才区分不同类别,制定相应的子女入学优惠政策。④住房保障政策全。满足人才不同需求,在安家费基础上,增加了人才公寓、租房补贴和住房公积金支持政策。⑤医疗保健全覆盖。沧州狮城人才及其配偶、父母、子女在二级以上公立医院就诊时享受绿色通道服务。沧州狮城人才可参加公务员医疗补助并享受相应的公务员医疗补助待遇。

打造以优质平台为目标的载体机制。针对人才平台载体薄弱、市场化引才手段不足等问题,实施打造京津冀一体化合作品牌、支持重大科技研发平台建设、打造一站式人才服务平台、优化市场化引才平台"四大平台"。

(来源:河北共产党员网)

第一节　人才战略的概念、构成及管理

一、人才战略的概念

"战略"一词起源于古代的军事战争。"战略"的意思是"战争的策略"

或"用兵的策略"。《中国大百科全书》将战略定义为"战争的总战略",即领导者为实现战争目标,根据战争规律制定并准备实施的战争准则、战术和方法。这一定义揭示了战略的本质,指出它是对战争全局的规划和管理。随着科学研究的进一步发展,战略理论和方法越来越多地被应用于政治、科技和社会发展。中国学者王聪将人才战略定义为:"人才战略是战略主体根据内外形势和总体战略的要求,对人才资源开发和人才开发管理活动的总体规划。"总的来说,中国化的战略内容通常包括 6 个方面:人才战略方针、战略目标、战略重点、战略阶段、战略措施和战略保障。

人才战略是中国为应对经济发展和社会发展而提出的一个目标。人才战略是国家宏观层面战略的总体战略。虽然中国是一个人口大国,但人才的地域分布并不均衡,大部分高素质、高技能人才相对集中在 4 个区域:京津冀经济带、长江经济带、珠三角经济带和大部分快速发展省份的省会。就京津冀经济区而言,人才高度集中在天津和北京,这就导致周边十几个城市的人才相对短缺,造成周边地区经济发展速度缓慢,形成了人才的"虹吸"效应。

二、人才战略的构成

我国人才战略的构成可分为以下 5 个方面:

1. 人才资本投资优先战略

为了实现人才强国战略,我们需要加大对人才资本的投入。中国基础设施的投资占据了国家收入的绝大多数,而教育投资显然比发达国家低得多。2015 年,在西欧、北美等发达国家,教育投资率占 GDP 的百分比最高,平均达到 5.7%,而中国的教育投资率占 GDP 的 3.41%,这意味着中国用世界教育经费的 1.5%,培养了 22% 的世界受教育人口,这就在一定程度上导致我国整体综合国力落后于发达国家。在我国相对落后的地区,教育水平很低,这就造成了可培养、可塑造的人才流向经济发达城市,留下低学历的人,这恶化了创新创造的生态,导致了区域建设的停滞,由此会陷入一个恶性循环:落后的地区人才匮乏,发达的地区人才过剩。

当然,提高人才素质也不能仅靠教育硬件的投入,教育软件同样重要,例如教师的道德水平以及责任意识等。软硬兼施能更好地提高教育整体质量，培养更多可塑之才。学习是一个民族得以不断进步的重要途径，通过学习才能获取知识技能，而知识技能就是创新思想、创造财富的基础与工具。必须从小就采用先进的教育理念，学习创新思想，掌握解决问题的思路，从而跟上时代的变化。自"十二五"以来，党中央和国务院高度重视人才强国战略，不断增加对教育的投入，整体情况也随之有所改善。总之，加大对国家教育的投入，有利于中国综合国力和国际竞争力的提升。

2. 实现人才价值战略

人才价值是指人才在组织中所创造的价值，包括服务。人才价值的实现是指将人才提供的价值转化为等值的有形或无形的利益等。人才价值的实现有多种形式，如薪资、奖励、表彰、认可都是重要组成部分。在一个社会群体中，分工的出现产生了人们各司其职、相互配合的现象，如若没有分工，工作就无法开展。所以，不能因工作层级或工作地区来判断个人价值。就像钟表的工作原理一样，钟表上的表盘显示着时间，在我们的日常生活中起着重要的作用，但其实这些指示时间的钟表的控制权是隐藏在千位数的时钟后面的。

如何定义人才的价值是经济学家、社会学家和教育学家长期研究的课题。如果我们寻找人才定义的价值，我们会得出数以百计的结论，这些结论可以总结为：给予人才相称的报酬，以达到留住和利用人才的目的。从广义上讲，当今社会已经不是一个鞭打员工的时代，雇佣关系早已实现了平等化。许多发达国家的移民政策也很优惠，一些人才之所以愿意移民到国外去发展，不仅是为了好的福利，也是为了一个优越的生活环境。虽然一些国家为争夺人才付出了高昂的成本，但人才为这个国家创造的价值是无法量化的。人才对公司的忠诚度相比前几代员工直线下降，如果收获达不到付出的期望，他们就会另谋高就。这是因为新生代的年轻人家庭经济一般相对稳定，吃苦经验少，沉没成本"似乎"在他们身上并不存在，并且他们正赶上了全民创业潮流，他们的选择空间有所拓宽，大多数新生代人才选择创业。

3. 调整人才结构战略

毫无疑问，经济结构决定了人才结构。随着全球经济的整体结构调整，特别是 2008 年全球经济危机后,许多大大小小的制造业企业纷纷宣布破产或面临破产。国内和国际的失业率都在上升,中国作为主要生产国,调整了自己的人才结构来应对这些变化。

在宏观层面上,中国对人才的需求已经转变为更加注重市场需求。经济发达地区往往有大量人才涌入,但其中大部分人都缺乏突出的技能和创新的思维,部分欠发达地区仍然面临明显的技能和经验差距。通过调整人才结构,加大地方扶持政策,对最外围地区的人才给予倾斜,引导人才积极流动,可以有效平衡一些地区的人才短缺和过剩,这将对中国的经济发展起到重要的推动作用。

4. 人力资源制度改革战略

以市场为导向的人力资源制度改革,是中国人才强国的核心要求。但是在实施过程中,因为中国各地政策的地方性、特殊性而导致了不可避免的差异性,这使得人才流动成本增加。不同的福利政策和税收减免等都在一定程度上影响人才流动。例如,有些地区规定城市户口享有规定的 5 项保险,但非城市居民可能只享有 3 个保险,这就会导致外来人才的流失。当有大量优秀人才涌入时,由于各种不公平的制度或福利,他们无法被留住,不得不离开。人力资源改革的体制应该更加有利于中国特色社会主义的发展,各地区应适当放宽政策,降低门槛,引进人才,让知识和技术的活力得到充分的发挥。

5. 整体人才发展战略

人才发展总体战略作为人才强国战略的重要组成部分,其主体涵盖管理人才开发、技术人才开发等。不但要重视培养不同层次、不同类别的人才,更要遵循整体一致、协调发展的原则。从宏观经济地理角度看,要提高东部地区的人才质量,更要做好西部地区的人才建设和发展,全方位振兴国家的经济。

三、人才战略的管理

1. 更新人才战略观念

当今社会是市场机制下的就业,在市场上发展起来的人才更有竞争力。

才华学识广博的年轻人都愿意在竞争中施展自己的水平,他们不惧怕竞争,只怕没有能让自己展现才华的舞台,因而必须为其提供一个相对公平的展示舞台。具体可以从以下3方面入手:①完善人才社会保障政策体系。如人才经济补助补贴、住房安家费用、医疗健康保障等。②完善人才市场机制。消除地域、年龄、性别、学历歧视,确保每个合法公民的劳动权益。建立一个准确、全面、快速并通过信息技术连接全国的人才市场系统。这有利于企业更好更精准地识别人才的关键信息,而不是只关注学历、资历等纸面信息。③完善人才市场管理体制。让人才中介机构与管理人员的工作程序更加规范合理,多做实事、少做假事,恢复人才对中介机构的信任。

2. 完善人才开发链条

人才开发是指将员工的知识和才能作为一种资源加以发掘和培养的过程,以促使其素质的提高以及更合理地使用。首先要对员工进行一定的了解和考察,弄清员工的职业定位、性格偏好、能力模型;其次要选择合适的教材与导师,对其进行帮带,在工作过程中给予其一定的关心与指导;最后要做好反馈工作,员工要让上级知道自己得到了哪些进步、还存在哪些不足、该如何进行完善等,上级也要对员工的下一步培训与安排做好相应规划,不能为了培训而培训,应当与组织目标相联系。

3. 做好人才评估与规划

人才评估是通过一系列科学的方式对人才的基本素质以及绩效进行量化测量与评定的活动,评估过程没有特定的标准。人才评估过程必须确保客观、公平,因此,评估人员一定要调整好以下心理因素:归因效应、异性效应、首因效应、晕轮效应等。良好的人才评估能激励人才积极发展和淘汰不适合的人选。人才规划在宏观上能使人才与市场需求相适应,微观上能与企业的长期发展战略目标相适应。通过合理的规划,人才有一定的潜力保持其发展水平。人才规划与人才识别和发展的过程相辅相成,相互反馈,这些环节能使人尽其才,避免了人才技能和专业水平的浪费。

第二节　经济变革中对人才战略的新要求

一、现代经济发展的特点

随着时代的发展,国家之间的竞争对抗已经从军事战争演变为经济竞争和科技竞争,这是一场没有硝烟的战争,谁能在这场经济和科技对抗中占据优势,谁就能掌握主导权和支配权,获得更大的利益。

1. 当今世界经济发展的特点

现代世界经济有 8 个主要特点。

(1)经济全球化的螺旋式上升。经济全球化是国家和民族之间经济关系超越传统界限的飞跃和突破,是生产力发展的必然趋势,是第二次世界大战后新的科技革命的结果。

(2)以科技为先导,以经济为中心的综合国力竞争日益激烈。自冷战结束后,特别是在旧世纪与新世纪之交,几乎所有国家都意识到,只有拥有经济和技术优势,才能在多极结构中占据有利地位。

(3)新技术革命的影响加深,经济信息化的发展加快。始于 20 世纪 70 年代的信息革命导致了经济信息化的快速发展。一方面,科学技术对传统产业进行了强有力地渗透和改造;另一方面,新兴的知识型产业不断涌现,特别是信息产业和知识密集型的技术咨询服务,其在国内生产总值中的比重迅速提高。

(4)国民经济向商业化发展。自 20 世纪 80 年代末以来,世界上出现了大规模的市场经济热潮,市场经济几乎蔓延到世界所有国家和地区,影响了50 多亿人。

(5)一些全球性的挑战,如人口、粮食、能源、水资源和生态环境,这些挑战仍然存在,并变得更加严重。人口过快增长、资源匮乏和环境恶化已经成为全球经济可持续发展的主要障碍。

(6)世界经济的不平衡发展。不平衡的发展是世界经济的规律,所谓

"不平衡",不仅是指发展速度的不同,也指发展水平和经济实力的不同。现代世界经济的不平衡发展,是旧的国际经济秩序的结果,它扩大了贫富差距,加深了全球范围内的南北对抗。

(7)世界各国继续调整其经济结构。主要内容包括:①经济管理机制的调整和改革;②所有制结构的调整和改革;③国有经济地位和结构的调整和改革;④现代企业的组织形式和法律的调整和改革;⑤社会保障体系内容的调整和改革。

(8)跨国企业的作用不断增强。跨国企业的出现和发展,促进了国际分工的深化和产业结构的调整。但是,从本质上讲,其商业目的是最大限度地追求高额的国际垄断利润。因此,它也有许多负面的影响。

2. 当今全球经济的趋势

(1)世界经济全球化的趋势。经济全球化是一个长期趋势,与世界经济的总体状况有关。世界经济的两极化、多极化、区域化等新发展,都与全球化趋势的发展有着密切关系。

(2)世界经济两极化的趋势。发展不平衡是当今世界经济发展的一个重要规律和趋势。世界经济南北之间的静态不平衡是一种权力的不平衡,动态不平衡是贫富两极化,主要体现在工业化国家在世界经济中的主导地位。

(3)世界经济区域一体化的趋势。区域一体化就是指开放政策更倾向于地理位置相近的国家,在一定的制度框架下组成一个经济共同体的过程。区域一体化的程度决定了它的组织形式。

经济活动从选择性地扩展到全球扩展,是一个从"国家历史"到"世界历史"的转变过程,这个过程并不取决于每个人的主观意愿,而是国际分工的深化和世界市场发展的必然结果。由此可知,经济全球化是世界经济发展过程中的一个重要趋势也是必经之路,所有其他趋势都是以经济全球化为基础发展的,只有把握住这一点,才能理解现代经济发展之脉络。

3. 中国数字经济发展的特点

进入21世纪以来,信息技术不断发展,物联网、大数据、人工智能、5G等催生了数字经济。数字经济作为一种新兴经济形式在理论与发展规律上与传统经济有所区别。数字经济已经成为新世纪的新生产要素,是"数据时代的石油"。2017年3月,数字经济被纳入政府工作报告,标志着中国数字经济开始正式发展。今天,中国的数字经济正以前所未有的速度向前发展,数字经济正在经济活动的各个领域发挥其魔力。

目前,一场"信息革命"正在世界各地发生,发展数字经济已经成为全球的重大共识。近年来,我国数字经济蓬勃发展,产业规模持续快速增长,已数年稳居世界第二。统计测算数据显示,2012—2021年,我国数字经济规模从11万亿元增长到超45万亿元,数字经济占国内生产总值比重由21.6%提升至39.8%[①]。

2023年12月21日,博鳌亚洲论坛在北京发布《亚洲数字经济报告》,该报告显示,中国数字经济规模在亚洲遥遥领先,2022年达到7.47万亿美元。李保东指出,中国是世界上数字经济发展环境最友好、势头最强劲、应用最广泛的国家之一。中国政府高度重视发展数字经济,并将其上升为国家战略。中国已基本形成了完善的数字经济政策体系,既有顶层设计,又有细化的地方推进举措。中国的数字经济总量不断增长[②]。

中国"十四五"规划未来5年的重要任务之一,就是要推动产业结构转型升级,推动产业链向两端延伸,而数字经济必将在这个过程中发挥不可替代作用,助推产业结构的转型升级,推动产业链向高附加值制造业延伸。总而言之,中国数字经济目前发展态势良好,数字经济领域正不断加快转型与升级。如今,华为、海尔、小米等中国企业正在利用数字经济整合创新技术,打造高价值品牌,并成功进入全球市场。

二、经济发展与人才战略的联系

现代生产要素以智力资源为核心,形成了一定的驱动力,经济社会在人才培养开发与利用下得到发展。近年来,在习近平关于人才工作论述的指导下,全国围绕"二次创业"推动人才队伍的建设,搭建创新平台,优化人才

---

① 中国政府网. https://www.gov.cn/xinwen/2022-07/03/content_5699000.htm.

② 每日经济新闻,https://www.nbd.com.cn/articles/2023-12-21/3175368.html.

结构与成长环境,让人才优势不断发挥,促进产业升级转型。人才资本已成为推动企业创新发展、促进产业转型和现代化的"强引擎"。

1.经济发展为人才发展提供经济基础

(1)经济发展为人才发展提供物质基础。任何科研创新都需要耗费大量的资金经费,良好的经济发展可以为人才培养以及科学研究提供资金支持。如果一个地区经济发展水平落后,对人才培养的投入就会不足,会在一定程度上限制人才的良好发展态势。

(2)经济发展决定了人才的供需。经济发展水平高的地区通常经济增速较快,聚集着知识与技术型的产业,十分渴求高素质的人才,一般也会有较好的人才吸引政策,为科技创新与成果转化创造条件,为生产提供物质保障。反之,经济发展水平低的地区,经济增长缓慢,以劳动密集型企业为主,对人才的需求量也较小。

2.人才发展促进经济发展

(1)人才资源可以促进区域经济增长。人才资源的多样性可以为新的生产和管理方法提供保障,以提高生产效率,推进产品供给数量与质量的提高,从而创造更大的社会财富。

(2)高质量的人才资源可以优化产业结构。随着人才战略的实施,新兴产业将得到不同程度的兴起与发展。放眼发达国家的发展历程,产业结构从劳动密集型向知识技术型转变的过程,都与人才创新的活动紧密联系。

(3)高质量的人力资源对经济增长起着决定性作用。产业结构的优化升级是经济增长转型的基础,而产业结构调整与优化又依靠良好的人力资源的创新活动。高质量人才能降低企业对资源的依赖,通过有效的科技创新从高投低效转变为低投高效,从劳动密集型转向知识、技术密集型,最大限度促进经济发展。

三、经济转型在人才战略方面的新要求

虽然近年来中国数字经济的发展状况有所改善,发展前景不可估量,但我们必须认识到中国数字经济的发展状况仍需改进。现阶段我国数字经济面临着发展不平衡的难题,数字技能人才十分欠缺。

1. 数字经济发展地域不平衡

一般而言,经济基础以及第三产业发展较好的东部地区数字经济发展比较好,其他地区数字经济发展较差。虽然我国各省市都制定了适应于当地的数字发展战略,但还是很难弥补当前的差距。

2. 数字经济可能导致技术性和结构性失业

数字经济的发展促进了经济增长也带来了大量就业机会,但这也可能会增加结构性和技术性失业的风险。例如,富士康每年都对机器人进行投资,这导致超过 6 万名工人因机器人的引入而下岗;2007—2017 年,销售额超过 1 亿的商场其工作量减少了 150 万。替代效应随着数字经济的发展不断被放大,在经济效率和人力资本专业化程度不断提高的同时,很有可能造成传统产业的衰落和大量人员的失业。

3. 数字经济发展产业不均衡

2022 年,我国数字产业化规模与产业数字化规模分别达到 9.2 万亿元和 41 万亿元,占数字经济比重分别为 18.3% 和 81.7%,数字经济的二八比例结构较为稳定。其中,三二一产业数字经济渗透率分别为 44.7%、24.0% 和 10.5%[①]。目前我国 3 个产业的数字经济发展存在不平衡的问题,第三到第一产业的发展程度依次递减。

4. 技术人才短缺且行业分布不均

近年来,中国技术人才短缺并且分布非常不均衡。《产业数字人才研究与发展报告(2023)》指出,在数字产业化人才方面,人工智能面临着人才总量与质量的双重欠缺,算法研发与开发人才紧缺度最高,机器学习、计算机视觉技术方向需求尤为旺盛。在产业数字化人才方面,未来 3 年智能制造数字人才供需比预计将从 1∶2.2 扩大至 1∶2.6,到 2025 年,行业数字人才缺口达 550 万人,不足以支撑产业数字化转型需求[②]。《2023 中国数字人才发展报告》中指出,从近 4 年数据看,数字人才主要集中在 IT、互联网、游戏行业,人才占比 4 年均在 40% 以上,近几年数字人才在各行业无明显增幅,人才比例相对稳定,这就表明了数字技术人才在行业中的分布不平衡。

---

① 中国信息通信研究院:《中国数字经济发展报告(2023)》。
② 经济参考报:《产业数字人才研究与发展报告(2023)》。

地域经济差距拉大其中一个重要原因是技术人才的稀缺以及分布不均,通常地域经济发达的地区有着更好的工作环境与政策支持,这也导致了大量技术人才涌入这些地区,必须重视这种单向流动情况,否则可能造成严重的恶性循环。

5.监管困难

数字经济有其自身的特质:促进经济增长、降低经济成本、提高经济效率等,但数字经济的固有缺陷:虚拟性、分散性、不可控性,也给其监管提出了新要求。首先,数据泄露,这个问题在大数据时代十分严重,对监管与保护是一个巨大的挑战;其次,政府需要加强监管力度。中国数字经济的快速发展得益于政府前期的宽松监管政策,但随着其规模不断扩大,缺点越发显露,而数字政府部门的监管现阶段却没跟上步伐,导致诸多困难局面的出现。

综上所述,我国数字经济虽然取得了一定的进步和成就,但其进一步发展仍面临诸多挑战。要想改变当前不平衡的发展现状,就要不断改善基本条件,解决与发展相关的现实问题,加强活动监管,支持数字经济规模进一步扩大,从而促进我国数字经济高质量发展。

四、促进数字经济可持续发展的举措

现如今我国数字经济总体规模稳步扩大,发展速度不断提高,其地位也愈加重要。中国为更好适应全球化的发展,将进一步扩大数字经济的范围,通过各种措施,如新型基础设施建设、数字技能研究与数字人才培养、促进数字经济均衡发展、严格加强对数字经济的监管等,来确保"数字中国"的成功建设。

1.建设新型的基础设施

《物联网新型基础设施建设(2021—2023年)》指出,到2023年底,在国内主要城市初步建成物联网新型基础设施,社会现代化治理、产业数字化转型和民生消费升级的基础更加稳固。具体发展目标体现为"五个一",突破一批制约物联网发展的关键共性技术,培育一批示范带动作用强的物联网建设主体和运营主体,催生一批可复制、可推广、可持续的运营服务模式,导出一批赋能作用显著、综合效益优良的行业应用,构建一套健全完善的物联网标准和安全保障体系。

2. 促进数字技能人才的培养

数字经济是一个新兴的领域,虽然很多大学已经建立了相关的院系,但在数字技能和水平方面还存在差距,数字技术的相关人才还远远满足不了市场的需求。因此,培养具有数字技能的人才势在必行。

3. 促进数字经济的均衡发展

国家和地方政府应加强顶层设计,制定科学合理的规划与政策,促进数字经济的健康发展,使数字经济保持良好的发展水平,改善不同地区和行业之间出现的不协调的数字鸿沟,避免恶性循环现象发生。

4. 加强对数字领域的监管

互联网在全球的普及与发展引发了一个紧迫的问题——网络安全,加强对网络领域的管控迫在眉睫。数字经济在近年来已经逐步从消费领域向生产领域迈进,为避免出现"数字乱象"和"数字风险",更要加大监管力度。政府部门要完善相关法律法规,让监管行动有法可依;企业要加大对关键数字信息与数据的保护力度;个人要妥善保管好自己的隐私。总的来说,构建起政府、企业和个人三方共同努力的"数字监管墙",让中国的数字经济在合理监管下平稳发展。

第三节　大数据和智能化时代的人才战略新演变

一、大数据发展的特点

1. 详细定义

大数据(big data)是指在一定时间内无法使用传统软件工具进行采集、管理和处理的数据量。它是一种巨大的、快速增长的、多样化的信息资源,需要一种新的处理模式,以拥有更好的评估、洞察力生成和流程优化能力。大数据有大量(Volume)、高速(Velocity)、多样(Variety)、低价值密度(Value)、真实性(Veracity)五大特点。没有统计学上的抽样,而只是观察和监测所发生的事情。大数据通常用于预测性分析、用户行为分析或其他高级数据分析。

研究公司 Gartner 对"大数据"的定义：大数据是一个信息体，它需要新的处理模式，以拥有更大的决策、洞察力生成和流程优化能力，以满足大量、高增长率和多样性的需求。

麦肯锡全球研究院将大数据定义为：数据量之大，远远超过了传统数据库软件工具捕捉、存储、管理和分析数据的能力。它的特点是数据量巨大、数据流动迅速、数据类型多样、价值密度低。

大数据技术的战略意义在于专业化地处理有意义的数据，而不是对海量数据进行掌握。换而言之，如果大数据是一个行业，那么该行业的营利关键就是提高数据处理能力，进而实现数据价值。从技术角度来看，大数据与云计算之间的关系十分紧密、不可分割。大数据不是由一台计算机进行处理的，而是在一个分布式架构中完成，它必须依靠分布式处理、分布式数据库和云计算的云存储和虚拟化技术。

随着云时代的到来，大数据也越来越受关注。据分析人士称，"大数据"一词通常用于描述公司创造的大量非结构化和半结构化数据，如果在关系型数据库中进行分析，将花费较多的时间和金钱。

2. 结构

大数据包括结构化、半结构化和非结构化数据，其中非结构化数据在数据中所占的比例越来越大。根据 IDC 的调查报告，80% 的企业数据为非结构化数据，而且这些数据每年以 60% 的速度呈指数增长。在以云计算为代表的技术创新背景下，这些最初难以捉摸的可用数据正变得容易驾驭，通过各行业不断发展，大数据正逐渐为人们创造更多的价值。

要系统地学习大数据，需要从 3 个层面对其进行深入彻底的分解。

（1）理论，这是一种基础，也是一种必要的知识形式，需要得到广泛认可和传播。在这个层次里，我们将通过定义大数据的特征，了解业界对大数据的一般表述和特征；通过探讨大数据的价值，了解大数据的重要性；深入了解大数据的发展趋势；从大数据隐私这一特殊而重要的角度，探讨人与数据的长期互动。

（2）技术，这是体现大数据价值的工具，也是前进道路的基石。在这里，我们将了解各种收集、处理和存储大数据的技术,例如过程云计算、分布式处理技术、存储技术和传感器技术等。

(3)实践,这是大数据的真正价值所在。大数据用于实践大致分为4个方面,即互联网大数据、政府大数据、企业大数据和个人大数据,我们将从中了解大数据所展现的美丽风景和将要实现的愿景。

3. 意义

大数据是高科技时代下的产物。马云曾提到,未来时代是 DT 的时代而不是 IT 的时代,而 DT 就是 Data Technology 即数据科技,这足以显示大数据在企业中举足轻重的地位。

有学者把数据比作蕴含能量的煤矿。煤矿按不同的标准有许多种不同的分类,露天和深层的煤矿开采成本也有很大差异。同样地,大数据的价值不是"大"而是"有用",有价值的内容比数量更重要。因此对于许多大企业来说,如何把大量的数据有效利用是提高竞争力的关键。

二、人工智能对人力资源管理的影响

为了促进人工智能技术的全面发展,我国制定了许多政策和配套措施。近年来,人工智能技术逐渐被应用到企业的人力资源管理中,促进了人力资源管理的发展和进步。在此背景下,人力资源管理工作也面临着新的挑战。现将人工智能对人力资源管理的影响介绍如下。

1. 取代部分工作人员的必然性

事实上,人工智能技术是一种不断发展的有效技术,可以实现分析和预测工作的目标,可以完成更复杂的工作,并具有永不疲倦的特点。因此,人工智能很有可能在未来取代人力资源部门人员的工作。

(1)人才规划。人工智能可以通过识别和探索数据以辅助实现人才规划目标,通过合理应用人工智能技术,可以实现比人力更为准确和有效的人才规划。

(2)招聘和分配。以海量数据进行算法计算为基础,分析求职人员画像特征,通过深度学习多模态模型"精准滤出最匹配优质人才",并利用人工智能整合专家经验,建立面试决策画布,辅助甚至替代人力资源部门专家决策。

（3）培训和发展。现如今,越来越多的公司重视员工培训,然而,许多员工对培训有强烈的反感。企业在培训和发展方面不仅投入了大量的资金,也投入了大量的精力,但得到的反馈并不符合预期。在以后的发展阶段,公司可以为每个员工配备一个相应的人工智能培训师,人工智能培训完成后,员工的相关信息会直接发送到公司终端,这样公司就可以及时获得员工的信息,提高公司人力资源管理的效率和质量,使分工更加合理。这也就说明人工智能有可能完全取代教育家和培训师的工作,能够帮助公司减少许多培训的成本。

（4）劳动用工管理过程。在传统企业中,人工智能已从提升企业劳动力规划与执行的智能排班、智能考勤、智能工时管理,发展到劳动力效能的自动化、实时化评估等,技术策略得到全方位运用。新兴平台企业对从业者的管理也主要通过大数据分析和算法实现。

人工智能技术在劳动领域各环节的全域融合已然成为重要的技术趋势,各部门在享受其提升管理效能作用的同时,也应关注其因侵害劳动者权益可能产生的社会风险。化解人工智能技术给劳动领域带来的用工管理风险,不应局限于单向度的算法治理或劳动法律制度完善,而应在反思算法治理的理论体系基础上超越劳动法领域,融合算法监管的法治力量,以开放性、跨越性和交叉性的研究视野建构劳动者权益保障机制。

2. 不能完全取代工作人员

人工智能技术有很多优势,在未来,很多人力资源管理工作可以被人工智能取代。但是,人工智能也存在许多问题,因为它缺乏情感,无法在复杂问题和不同情况下做出有效和理性的决定。例如,在解决工作纠纷时,人工智能无法通过感性的手段来优化问题,只能按照固定的顺序来工作。在正常的工作中,它只能按照既定的目标进行工作,公司的员工体会不到来自公司的人文关怀。这将确保人力资源部门的工作人员不会被完全取代,他们会从简单、重复的工作岗位转移到更高级的职位。

三、人工智能时代人才战略的新演变

人工智能应用于各个领域是我们这个时代的必然趋势。人力资源专业人士最为有效的做法是在不同的层面上学习,合理地利用人工智能的优势,促进人力资源管理工作的高效开展。在人工智能时代,有许多新型的人力资源管理策略,其中最常见的是重新思考组织中的人力资源职能,将人工智能融入人力资源管理,优先考虑评估性工作,并有效使用人工智能技术。

1. 重新定义公司的人力资源职能

传统的人力资源管理关注的是工作进度和工作质量,而人工智能驱动下的人力资源管理更关注员工的工作体验和人文关怀,创新逐渐成为人力资源管理的重点。人力资源管理的工作需要重新定义,企业需要改变过去人力资源管理的工作方式,促进员工和管理者的全面转型,尽快适应新的工作方式,成为保证管理质量和效率的新型人力资源管理团队,为现代企业的持续稳定发展打下坚实基础。

2. 将人工智能与人力资源管理联系起来

将新的人工智能技术应用到当前的人力资源管理过程中,会不可避免地导致人力资源管理领域的巨大变化。在当今技术驱动、不断变化和发展的组织中,员工不能有逃避创新的心态,必须大胆面对新的挑战,接受各种变化,积极应对甚至引领变革,以实现推动人工智能技术更好地应用于人力资源管理工作的目标。同时,各企业需要在实践中找到契合点,通过自发或向外的方式弥补差距,转变思路,正确引导,使人工智能更好、更稳定地服务人力资源管理工作。

3. 高度重视评价工作

评估工作对企业的未来发展至关重要,它不仅是企业人力资源工作发展的重要前提,也是保证企业整体效率的关键因素。在企业人力资源管理中,人工智能主要是一项评估性工作,而不是一项迭代性工作。因此,有必要探索人力资源管理过程中非逻辑元素的能力,并找到合适的方法来弥补人类和人工智能之间的差距。各企业要站在人工智能的最前沿,运用好其优质的评估能力,推动企业发展。

4. 人工智能的有效应用

随着人工智能技术的应用,早期的人力资源工作开始向虚拟化转变。为此,现代企业要想满足自身的发展需求,就需要在各个模块应用人工智能技术,逐步将传统系统改造成一体化的云平台,构建数字化的人力资源管理体系,建立一支高素质的人力资源队伍,为现代企业在复杂多变的经济市场中脱颖而出创造基础。

综上所述,人工智能时代的到来为企业的长远发展既带来了新的机遇也带来了新的挑战。事实上,人力资源管理与企业的长期发展密切相关。它不仅是一个公司不同部门之间有效协调和沟通的基础,也是更好地利用内部人才的关键。因此,如果企业想更好地发展,人力资源管理活动必须不断改进和创新,改变其工作环境,依靠人工智能技术并充分利用其优势。相关工作人员必须结合人工智能时代的特点,采取有效方式提高人力资源管理的质量和效率,为企业实现可持续发展的目标铺平道路。

如今,信息技术不断发展,很多企业都在使用人力资源信息系统,它对企业的发展起到了无比重要的作用,但是运用这一系统还需要注意各种问题。纵使大数据有其固有的优势,但在全面应用智能化的时代,企业也不能完全依赖大数据,既要充分利用大数据的便捷功能又要发挥自身的主观能动性,实现人力资源信息管理的人机协调发展。大数据时代,也是需要构建新的安全体系的时代,对于一些大中型企业来说,人力资源的匿名信息非常重要,直接影响企业未来对人力资源的部署与决策。因此,各企业应该利用大数据技术来解决棘手的数据安全问题,通过预测和传输信息到安全操作中心,整个过程能够可视化风险,从而可以有效提高安全性。

每一个组织的人力资源系统中都存储着大量的、不同类型的信息,数据就在信息价值链中占据着特殊地位。人力资源数据与人力资源的经常性思维决定了信息的价值,在未来的人力资源数字化发展中,人力资源数据可谓是一种可持续的可再生资源,这也意味着数据思维方式的改变和数据挖掘价值的改变。数据资源具有一定的潜在价值,其价值不是一次性的,亦不是消耗品,而是可以多次挖掘、反复利用的。现阶段已经是大数据信息技术发展的蓬勃时期,其创造出的价值是其他技术无法比拟的。在人力资源信息管理中,数据基数比较大,且每一类信息都有独特的多变性。因此,企业要考虑实施智能化人力资源信息管理的困难和复杂性,各企业应建立相应部门来专门处理这些信息管理问题,并把这个部门作为智能管理和简化的起点。

【案例与讨论】

江苏徐钢集团(简称徐钢集团)成立于2003年,仅仅3年时间,就以惊人速度发展为淮海经济区规模最大的钢铁企业。而历经20年的砥砺前行,徐钢集团已成为集钢铁生产、房地产开发、国际贸易、物流、固废处理为一体的多元化发展集团,并实现年营业收入230亿元,是中国民营制造业500强企业。

徐钢集团的快速发展离不开他们的锐意改革,从其人力资源管理就能以一斑而窥全豹,与普通制造企业不同,2021年,他们就通过数字化解决制造企业管理痛点,实现降本增效高效管理。

一、工厂考勤难,基层管理无法"一碗水端平"

制造业属于劳动力密集型行业,具备一定规模的企业,员工通常都是数百上千,甚至成千上万。这样的规模,首要的难题就是考勤管理。

第一,与白领早九晚五固定时间办公不同,制造企业的上班时间要根据生产需求而定,通常有白班、夜班、三班倒等复杂的班次与排班安排,有时还需要加班,如何使数量庞大的排班变得科学有序,是极大考验。

第二,由于现场生产环境复杂,工人经常会出现忘记打卡、打卡故障等问题,而考勤记录也容易被错误输入或处理。比如徐钢集团此前采取的纸质打卡方式,一旦打卡错误,就需要"涂涂抹抹"地进行修改。

第三,制造企业常常涉及加班工时和额外工时,企业需要遵循劳动法规定,正确计算和记录工时,以确保员工的权益。更重要的是,制造企业通常有多个工厂,生产线也比较分散,这就导致数据管理复杂且不一致,为整合、处理考勤数据带来挑战,使日常管理效率低下。

传统的考勤方式,容易人为操作,且依赖于一线主管的主观判断,容易受到偏见及个人喜好的影响。而考勤与薪资明确挂钩,因此可能导致不公平现象,造成管理不能做到"一碗水端平",不仅使工人权益受损,还会损坏企业口碑。

二、一线工人入转调离频繁,难以线下化管理

我国制造业在改革开放后进入蓬勃发展阶段,带动了各省劳动力人口的高速流转,但随着上一代蓝领工人逐渐退出务工市场,制造企业在用工方面,出现了青黄不接的现象。

一是,制造企业一线生产几乎都是流水线工作,工作量大,管理严格,工作单调。

二是,工厂几乎都是在城市边缘地带或郊区,缺少娱乐设施。与上一代员工追求稳定性不同,新一代年轻人更向往城市生活,追求自由度高的工作。他们更倾向于"哪里条件好就到哪里去",因此会频繁跳槽。

一些数据显示,18~30岁主力蓝领工人在一家企业的平均时间不满半年。因此,一线工人流动率高也是制造业的一大痛点。这对人力资源管理来说,最直接的挑战就是需要频繁地办理入转调离等手续。

按照传统的线下管理,每次入转调离都需要填写、审核大量的表格、文件、合同等,不仅流程烦琐,纸质文件与手工操作也很难进行数据统计与管理,会导致信息不透明,管理层很难了解工厂用工及一线工人的人员情况。如何让管理更规范,提升管理效率以及员工满意度,是摆在徐钢集团眼前的难题。2021年,在进行功能与价格的综合对比后,徐钢集团引进了"i人事",开启了数字化人力资源管理之路。

三、摆脱传统模式,用数字化开启规范管理

在考勤方面,"i人事"能支持制造企业采用灵活排班制度与工时制度。排班制度有固定班次、弹性班次、休班次、小时工班次等多种形式,考勤打卡有地点考勤、Wi-Fi考勤、考勤机考勤、员工自主签到考勤等,徐钢集团根据需求自主设置。同时,徐钢集团还借助此软件的"划线颗粒度"功能设置了排班滑动的时间幅度,很好地解决了人员规模大,传统线下管理不规范、效率低的难题。在"尝到数字化的甜头"后,徐钢集团表示未来将更进一步深化人力资源管理的数字化,促进其转型升级。

(来源:江苏徐钢集团"i人事"官网)

思考与讨论

(1)人工智能与数字经济时代,创新人才培养模式有什么变化?

(2)我们如何才能更好地将人力资源管理理论与企业数字化结合起来,为那些急需实现人力资源管理数字化的企业提供新的思路?

第五章

人才战略管理

【案例导入】

人力资源和社会保障事业发展"十四五"时期主要目标

按照全面建设社会主义现代化国家的战略安排,2035 年人力资源和社会保障事业发展远景目标和"十四五"时期主要目标如下。

2035 年远景目标:展望 2035 年,随着我国基本实现现代化,人力资源和社会保障制度体系将更加科学完善。就业质量显著提升,保持较低的失业水平,劳动关系更加和谐稳定,满足劳动者对美好生活的向往。实现多层次社会保障体系高质量发展可持续发展,形成社会保障全民共建共享的发展局面。人才政策更加积极更加开放,各类人才的创新活力竞相迸发,进入创新型国家行列。工资收入分配更加公平合理,中等收入群体显著扩大,促进全体人民共同富裕取得更为明显的实质性进展。基本公共服务实现均等化,城乡一体、均等可及的人力资源和社会保障基本公共服务体系更加高效优质。

"十四五"时期主要目标(表 5-1):

实现更加充分更高质量就业。就业容量不断扩大,就业质量不断提高,就业创业环境不断优化,劳动者技能素质不断提升,重点群体就业基本稳定。"十四五"时期城镇新增就业 5000 万人以上,城镇调查失业率控制在5.5% 以内,城镇登记失业率控制在 5% 以内。

表5-1 "十四五"时期主要目标

目 标	2020 年	2025 年	属性
一、就业			
1. 城镇新增就业人数（万人）	[6564]	>5000	预期性
2. 城镇调查失业率（%）	5.2	<5.5	预期性
3. 城镇登记失业率（%）	4.24	<5	预期性
4. 开展补贴性职业技能培训人次（万人次）	[9693]	[7500]	预期性
5. 其中：农民工参加职业培训人次（万人次）	[4430]	[3000]	预期性
二、社会保障			
6. 基本养老保险参保率（%）	91	95	预期性
7. 失业保险参保人数（亿人）	2.17	2.3	约束性
8. 工伤保险参保人数（亿人）	2.68	2.8	约束性
9. 城乡居民基本养老保险基金委托投资资金总额（亿元）	2077	>4000	预期性
10. 补充养老保险基金规模（万亿元）	3.6	>4.0	预期性
三、人才人事			
11. 新增取得专业技术人员职业资格证书人数（万人）	[1446]	[1300]	预期性
12. 博士后研究人员年招收数（万人）	2.2	2.8	预期性
13. 新增取得职业资格证书或职业技能等级证书人数（万人次）	[5373]	[4000]	预期性
14. 其中：新增取得高级工以上职业资格证书或职业技能等级证书人数（万人次）	[1307]	[800]	预期性
四、劳动关系			
15. 劳动人事争议调解成功率（%）	70.6	60	预期性
16. 劳动人事争议仲裁结案率（%）	96.2	90	预期性
17. 劳动保障监察举报投诉案件结案率（%）	99	96	预期性
五、公共服务			
18. 社会保障卡持卡人数（亿人）	13.35	14	预期性
19. 其中：申领电子社保卡人口覆盖率（%）	24	67	预期性

注：[ ]内为五年累计数。

摘自：《人力资源和社会保障事业发展"十四五"规划》（人社部发〔2021〕47号）。

多层次社会保障体系更加健全。法定人员应保尽保,实现企业职工基本养老保险全国统筹、失业保险省级统筹,工伤保险省级统筹更加完善。社会保障待遇水平稳步提高,基金运行安全平稳。2025年基本养老保险参保率达到95%。补充养老保险覆盖面不断扩大,补充养老保险基金规模超过4万亿元。

技术技能人才队伍素质不断提升。人才发展体制机制改革深入推进,人才队伍规模不断扩大、结构更加合理、质量整体提升、创新活力进一步迸发。人才发展与国家重大发展战略和产业布局同步推进。培养更多高技能人才、能工巧匠和大国工匠。

工资收入分配制度更加完善。企业工资分配制度更加完善,工资合理增长机制更加健全,劳动报酬在初次分配中的比重逐步提升,工资收入分配结构明显改善。以增加知识价值为导向的收入分配政策更加完善,符合事业单位特点的工资分配制度基本建立。

中国特色劳动关系更加和谐稳定。劳动关系协调机制和工作体制机制进一步完善,劳动人事争议调解仲裁体制机制进一步健全,劳动保障监察执法效能有效提升,根治欠薪成果更加巩固,劳动关系治理能力明显提高,劳动关系总体和谐稳定。

人力资源和社会保障公共服务体系更加完善。人力资源和社会保障公共服务制度和标准体系全面建立,智慧服务能力显著提高,社会保障卡实现发行应用全覆盖,基本公共服务的可及性显著增强,均等化水平明显提高。

(来源:人力资源社会保障部.《人力资源社会保障部关于印发人力资源和社会保障事业发展"十四五"规划的通知》,2021-06-29)

第一节　人才战略管理概述

一、人才战略管理的内涵

所谓人才战略管理,就是一个地方或行业依据社会经济的发展需要,所制定的关于促进人才资源有效开发利用和长远发展的整体规划和思路。

其内涵主要有3个方面:①人才管理的指导原则和根本目标要以发展为中心,不断提高素质,促进人力资源向人才资源的转化;②要抓住人才发展战略成功的关键,把人才结构的调整与优化作为主线,确保人才的供求关系适应经济、社会的发展;③实施人才发展战略的方法、步骤和手段要以战略规划为主要内容,依据各地区、各产业的实际情况,以及所面临的内外形势,制定出一套可以促进人才资源的发展和加快人才能力建设的指导原则和策略方案。

人才发展战略是一个复杂的系统。在一个不断发展变化的现代社会中,尤其是在阻碍人才流动的壁垒逐步被打破的情况下,国与国之间、地区与地区之间的人才不断流动已经成为常态。同时,随着知识经济时代的到来,知识的更新速度加快,人才只有不断扩充知识储备、积累技能经验、提升综合素质才能跟得上社会发展的步伐。因此,人才发展战略管理系统包括以下4个部分:①人才培养战略以能力建设为核心;②人才引进战略的导向是智力引进;③人才使用战略的依据是能力和绩效;④人才结构调整战略的原则是规模和效率并重,这4个组成部分是相辅相成、相互促进的。

二、人才管理的内容

对于人才战略管理的构成体系,我国学者仁者见仁、智者见智,提出了不同的观点。

中国人才学研究专家王通讯先生认为,现实、目标、战略指导思想、战略重点、战略阶段、战略措施是人才开发战略包括的6项要素。制定一项战略的出发点和基础是对现实进行分析,主要包括对人才的现状进行分析和调查,考察人才的规模、性别、年龄、职称、学历等方面的情况,据此分析出当前人才发展所面临的优势和劣势;一项战略的指向和落脚点是目标,具体为确定若干年后人才发展所要达到的规模、人才的质量水平和人才的结构;战略的重心和灵魂是指导思想,指导思想是决定战略制定工作成功的关键。在实际操作过程中遇到的要点、难点属于战略重点。人才发展战略要想取得成功必须对比较重要的环节进行重点突破,以达到破一关而胜全局的功效;战略阶段是为了达到战略目标而规划出的具体实施时间段,要依据经济社会发展的阶段来相应地制定人才发展的战略时间周期,如以 5 年、10 年、15 年或 20 年为期;战略措施就是指导思想的具体化,战略措施为贯彻战略指导思想和为实现战略目标服务,如调整政策、改进对策建议等。

北京大学政府管理学院人才与人力资源研究所所长肖鸣政教授认为,人才发展战略是由战略构想或者愿景、战略目标、战略对策、战略路线这 4 个部分组成。

中国人事科学研究院的余仲华研究员则认为,人才战略规划的内容可以分为 4 个部分:状况分析、战略目标、实施对策、操作调整。状况分析是制定人才战略规划的实证基础,主要了解人才资源的现状、面临的主要问题及问题产生的原因;人才战略规划的核心和重点是确立与企业发展状况相匹配的人才培养计划和目标;实施对策部分主要指实现战略目标所必须采取的政策或对策建议,这是战略实施的保障;操作调整部分是指在战略实施的过程中针对可能会遇到的问题进行改进或调整。

通过以上观点可以发现,在人才战略的组成体系方面,我国学者取得了初步一致的看法,即人才发展战略的主要组成部分有:战略思想、战略目标、战略重点、战略阶段、战略对策和实施路线。战略的宏观性、指导性和长期性等特征主要表现在战略思想、战略目标和战略重点方面。

三、人才战略管理的特点

1. 全局性

企业可持续发展,或是一个地区经济和社会发展的基础因素就是人力资源,人才作为一种人力资源,具有很高的创造性和很大的贡献力。然而,要想真正地发挥人才的价值,就需要和其他的生产要素进行结合。同时,一个地区或行业的人才战略管理必然要为经济社会发展的总体战略服务,并为地区或产业的整体发展提供全方位的人才支持。因此,按照人才发展的规律,必须将人才发展战略置于经济社会发展的框架之下,紧扣经济社会发展目标,并贯穿目标实现的全过程,通过人才战略来引导人才发展,这是人才管理的最本质特征。

2. 长期性

只有根据对未来的预测和期望所制定的长期计划才能称之为战略。人才发展战略的重点是人才在未来相当长时间内的发展问题,暂时的、近期的发展问题并不是重点。因此,一般来说,人才战略的实施时间应该是 5～10年,甚至更久。

3. 发展性

人才战略管理的本质属性是发展。一个地区的人才资源只有数量不断增加、素质不断提升、能力不断增强、贡献不断增大,才能够使人才管理战略发挥作用,才能够满足经济和社会不断发展的需要,从而促进当地经济社会的可持续发展。

4. 指导性

人才战略管理是指在一定时间内,人力资源的发展方向与目标以及企业为达到这一目的所采取的方法与措施,对人才的长远和全面发展起指导作用。由于人才是最具创新性的资源,其发展方向具有多样性。因此,为了充分发挥人才在各地建设中的积极作用,人才发展战略必须具有普遍的指导性。需要注意的是,这种人才战略管理的指导性针对的是一个国家、地区和组织的整体人力资源,是一种宏观的导向,个别组织或部门可以根据实际情况有所不同。

5. 应用性

应用是制定人才战略管理的终极目标。为了让人才战略管理更好地对实践进行指导,地方政府应该在立足本地实际的基础上,科学预测当地的经济社会发展进程,把产业结构的调整和社会发展的需要作为重点,制定与之相对应的、有指向性的人才管理战略。

6. 相对稳定性与适应性

一旦确定了人才战略管理,就必须要在整体上保持其地位的稳定性。人才战略管理只有在比较稳定的条件下才能有目标、有组织,按计划、按步骤地去贯彻执行。然而,从本质上来说,人才战略管理仅仅是一种对未来人才管理的设想,由于国内外形势的不断变化,人才的外部和内部条件也时刻发生着变化,因此,人才战略管理必须有一定的适应能力。对外部来说,人才战略管理要适应外部环境的重大变化;对内部来说,人才战略管理要适应人才再生产的全过程、人才资源的效能等。

第二节　国家人才战略管理实践

　　人才强国战略,是我国在实现社会主义现代化进程中的一项重大国家发展战略,它是我国对国内外发展变化的认识与研究的产物,也是我们党立足于实际进行的思想创新。

一、人才强国战略为实现国家发展战略提供必要的人才支撑

　　当前,世界正面临着"百年未有之大变局",国际社会的发展形势受到各种各样因素的影响,世界政治、经济、文化之间相互影响、相互融合,并且已经产生了链式反应。世界格局在不断调整,国际体系也在发生深刻的变化,人类社会面临越来越多的机会与挑战。只有充分理解"变局"的深刻含义,才能够抓住机会并从容应对,在世界竞争中立于不败之地。

　　1.适应世界新形势下的时代发展要求

　　首先,国际局势的变化对世界各国提出了新的问题和挑战。正在迅速发展的新一轮科技革命,从根本上对世界格局与国际秩序的构建产生了深远的影响。经济全球化在促进人类交流的同时,也导致了贫富悬殊、生态恶化、财政赤字等一系列全球问题,这些问题需要建立新型的治理模式来解决。国际秩序更加动荡,迫切需要对国际体系进行改革。

　　其次,我们国家当前所面临的外部环境很不友好,例如一些资本主义国家的恐吓和威胁等。打铁必须自身硬,面对这样的国际大背景和国际舆论的挑战,我们只有顺应形势的变化,积极迎接挑战,紧紧抓住发展机遇,充分理解人才在国家发展中的重要性,不断加快推进人才战略,把人才作为坚强的后盾去实现科学技术突破与产业革命目标,才能把国家的底线守得更牢、掌握更多话语权,才能为世界的发展作贡献,为全球治理提供"中国方案"。

2. 应对全球化人才竞争的时代选择

习近平总书记曾在多次会议中提到"人才竞争已经成为综合国力竞争的中心"①这一观点。人才在国家综合国力较量中的作用不容小觑,世界各国也认识到了人才的重要性,纷纷制定和出台了一些人才战略。尤其是西方发达国家以及那些把知识和信息作为发展动力的新兴国家,他们正在以一种新的姿态来吸引和培养优秀人才,尤其是高素质的技术人才,以此来争夺在科技革命和产业变革中的主导权。美国一直以来都是通过移民政策吸引优秀人才,日本吸引海外人才则通过建立"国家战略特区",而韩国引进人才的方式则是通过"21世纪智慧韩国工程"。各国都有自己的人才吸引战略,在竞争加剧的国际形势下,中国更应该把握住自己的人口优势,把培养人才与引进人才相结合,将高层次、高素质人才的培养与国民素质的提高有机融合在一起,加速推进人才强国进程,不断提升国家实力和国际竞争力。

二、推动国家人才战略是实现国家发展战略的现实需要

当前我国发展正处于重要战略机遇期,在众多发展机遇面前,人才建设与现代化强国的建设有着高度的现实契合性。只有做好人才管理工作,才能激发人才更大的潜能和更多的创造力,才能让我国的人才资源优势转化为国家发展的支柱,才能让我国在错综复杂的国际局势中占据主动。

1. 推进"四个全面"战略布局的迫切需要

"四个全面"战略布局的实施,需要一支高素质的人才队伍。我国对人才队伍建设的新要求是在"全面建成小康社会"目标完成的基础上提出的。全面深化改革,也是一个创新人才体制机制、创新人才工作,推动人才强国建设的过程。全面深化改革从顶层制度设计到具体实行,都需要有一支强大的人才队伍,所以我们要加速推进人才体制机制的改革,促进其科学化和现代化,依靠制度的优势来推进人才强国战略的成功实施。全面推进依法治国,是实现我国长治久安的根本保障,这需要立法者具有科学专业能力、

---

① 习近平:《在欧美同学会成立100周年庆祝大会上的讲话》,《人民日报》,2023年10月23日,第1—3页。

执法者大公无私和守法者遵守纪律,这既是对依法治国的要求,也是对人才工作的要求。必须让法治思维这一基础贯穿国家人才建设的全过程,为人才发展营造一个良好的法治环境。全面从严治党为人才建设提出了更加严格的要求。人才要经受"四个考验"、克服"四个风险"、要在每个时期都能与党的人才建设相匹配,成为党持续领导伟大事业前进的坚强支柱和重要保证。

2. 实现中华民族伟大复兴的坚强支撑

实现国家富强和中华民族伟大复兴是中国人一直追求的目标,在新时代,我们更加接近"中国梦"。但在此时此刻,我们需要更加清醒地认识到,目前阶段我国和发达国家之间还存在着比较大的差距,主要体现在科学技术和人力资本方面。科技兴国,人才强国,在当今这个知识化信息化的时代,只有掌握了人才,才能掌握科技,才能紧紧把握发展的主动权。发展伟大的事业需要优秀的人才,要想在"中国梦"的道路上持续走下去,最基本的就是紧紧抓住人才工作这个关键点。通过推动人才政策的实施、优化人才环境、加快人才体制机制的创新、提升国民的素质教育、加大创新创业教育、吸引海外优秀人才等措施,将人才紧紧集聚在我们党的周围,在我国各个领域发挥作用,为建设社会主义现代化强国做贡献,为实现中华民族伟大复兴提供新的活力。

第三节　人才战略管理的实现机制

党的十八大以来,我国的创新驱动发展战略进一步深入实施,人才引领创新驱动发展已经成为新的共识。习近平总书记在党的十九大报告中明确提出,人才是实现民族振兴、赢得国际竞争主动权的战略资源。不完善的人才管理机制,不仅会导致国家科研资源和人力资源的浪费,也不利于形成良好的学术生态。所以,只有深入研究人才管理体制,才能满足党的十九大提出的要求,进而培养出一批具有国际视野的高科技创新人才,为实现科技强国梦贡献更多力量。

一、健全人才流动机制

进入新时代,我国经济发展进入新常态。同时,我国的人才流动也面临着新机遇和新挑战,因此,对人才流动机制进行新变革刻不容缓。深化人才管理机制改革的重要内容就是健全良性有序的人才流动机制,这也是进一步推进人才制度和政策创新的重要方式,是激发人才创新活力的可靠保证。我们要从时代的新需求出发,把问题和目标作为导向,紧紧把握住新形势和新任务,努力探索研究新的人才流动政策,创新人才流动机制,着力在人才流动的重要环节实现新的突破,为中国的人才体制建设提供新的思考与方案。

1. 坚持党管人才,建立有利于人才流动的新型举国体制

齐心协力办好大事,最重要的是将最好的资源发挥出最佳的作用,把社会主义集中力量办大事的优越性体现出来。

(1)强化组织领导。党对人才流动管理工作的领导要得到进一步的强化,在中央人才工作协调小组的领导下,组织部门指挥,人社部门具体负责,其他相关部门各司其职,协同推进人才流动配置的工作格局正在快速形成。

(2)强化顶层设计与科学研判。各部门要对我国国内与国际人才流动出现的新形势新变化进行深入分析,制定人才发展规划要更加科学有效,要符合我国高质量发展的要求、符合我国重大战略、符合我国科技产业发展战略,以此达到对我国人才结构和布局进一步调整和提升的目标。

(3)聚焦重点领域。把重大战略、重大工程、关键核心技术攻坚以及重点产业振兴作为目标导向,要不断增强集中调配、精准调配、团队式选调工作,为其提供高水平的人才支持。

2. 强调以市场为导向,通过"市场红利"把"人才红利"有效释放出来

市场机制是人才合理流动、高效配置的基石,能够充分发挥人才的创新活力。

(1)完善市场法规体系。认真学习贯彻实施《人力资源市场暂行条例》,加快建立和其相适应的法律制度,以《人力资源市场暂行条例》为主干,相关配套的制度规则和法规作为支撑。

（2）健全市场运行机制。要牢牢树立"大市场"的理念，逐步完善人力资源市场体系，要不断打破城乡、地区、行业之间的界限，要不断消除身份歧视和性别歧视，要不断完善市场的价格、供需和竞争机制。一些创新要素如知识、技术、管理等按照贡献度来进行分配，让市场更好地优化资源配置。

（3）加强市场监管方式。政府要进一步加强对市场各方面的监督管理，开展针对市场秩序的专项整治，加大力度查处人才流动中的违法违规行为，完善社会失信惩戒机制，优化市场环境。

（4）促进服务业蓬勃发展。政府要进一步推进简政放权，企业进入市场的准入门槛要放宽，要激发市场主体活力。同时，政府还要进一步完善支持人力资源服务业发展的优惠政策，积极支持新兴业态的发展，不断强化对骨干企业的培育和对领军人才的培养，发挥好人力资源对实体经济的巨大支撑作用。

3. 强化宏观引导，优化人才合理流动的布局

要充分发挥政府职能，不断克服市场失灵，有效解决发展不平衡问题。

（1）鼓励、支持、指引人才向艰苦边远地区和基层地区流动。继续推动重大人才工程等项目向艰苦边远地区倾斜，适当放宽艰苦边远地区县以下单位的招录条件。进一步落实乡镇工作补贴和职称评审等优惠政策，建立一套引导高校毕业生到基层工作的长效机制。

（2）促进区域人才的交流合作。人才的合理有序流动在一定程度上能促进区域协调发展战略的有效实施。要进一步完善人才对口帮扶机制，围绕"一带一路"、京津冀协同发展等重大战略推进信息互联互通、标准规则互认，使区域人才的交流合作得到进一步加强。

（3）扩大人才国际交流合作。支持广大科研工作人员积极参加国际间的学术交流与合作，不断推动职业资格的国际互认。进一步简化和优化外籍人才的签证和居留手续，面向全球招揽各类优秀人才。

（4）保持重点领域和地区人才流动秩序。重点领域和地区的人才流动管理制度要进一步完善，有关知识产权、竞业禁止、人才安全等方面的政策法规要逐步健全，促进人才依法有序合理流动。

4. 坚持改革创新，需要率先突破人才流动壁垒

鼓励在创新人才流动机制上首先进行试点，进一步激发人才的创新活力。

（1）创新人才流动方式。进一步完善科研人员离岗创业、挂职兼职等政策和措施，并在此基础上探索建立可流动岗位，以此吸引一线企业家和科学家，加快各类创新主体之间的融合。

（2）畅通人才流动渠道。逐步探索将非公经济组织和社会团体中的人才吸引进入党政机关、企事业单位的相关政策，并且要进一步建立起体制内部与外部之间互相衔接的人才评估制度，使人才能够在政府、企业、智库之间畅通有序流动。

（3）完善人才流动配套政策。持续推进户籍制度改革和社会保险关系转移接续，这样可以有效解决人才流动的后顾之忧、为人才的流动提供更加便捷的条件，进一步消除了阻碍人才流动的不利因素。

5. 持续优化工作环境，不断完善人才流动服务体系

要在创新人才流动机制的基础上进一步加强人才流动的环境建设和服务体系建设。

（1）深化"放管服"改革。政府人才服务机构的管理制度改革要更加深入地推进，更快建立统一、规范、高效、全面覆盖的人才公共服务体系。

（2）培育社会力量。各类社会组织和服务机构要加大力度完善相应机制，充分有效发挥各种行业协会功能，有序承接政府转移的人才培训、评估和流动等职能。

（3）完善流动服务就业体系。健全流动人员人事档案的相关政策法规，提升推进人才流动公共服务的信息化水平，形成更加完善的人才流动公共服务体系，营造更好的人才自由流动环境。

二、强化人才激励机制

在人才的激励机制设置和政策的制定过程中，要充分考虑人才的激励需要，同时还要结合人才的成长阶段、年龄特征和职业发展等特点。运用马斯洛需求层次理论和赫茨伯格双因素理论的激励机制和政策，能更加有效地激励人才。其中的内涵如图5-1所示。

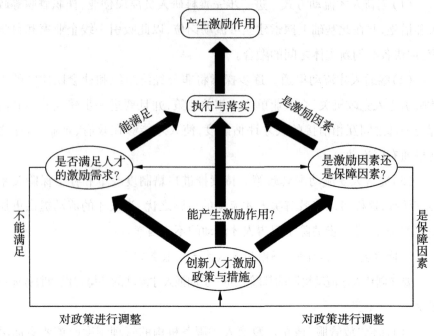

图5-1　基于需求层次理论的创新人才激励动态机制及模型

正如图5-1所示,在构建创新人才激励机制时,要考虑两个主要因素:
①在当前阶段,人才激励政策与措施是否可以满足人才的需要。如果可以,
就能够实施并落实,从而达到相应的激励目的和效果。②需要区分出所制
定的激励政策和措施是属于激励因素还是保障因素。若属于保障因素,则
仅能满足人才的基本需求,很难对其起到长期的激励;若属于激励因素,而
且能够很好地被执行与实施,它将对创新人才产生有效的、长期的、持久的
激励效果。需要注意的是,保障因素与激励因素之间存在着交互作用,要以
激励机制和政策的实施效果为依据,进行恰当的调节。

1. 人才激励机制设置与政策制定的关键

(1)注重保障因素与激励因素两方面的协调。保障性因素可以满足人
才的基本需要,消除后顾之忧。激励性因素能对人才形成长期的影响效应,
能够激励其长远发展,具有长效性的特点。各种政策要根据不同阶段的不
同激励需求来制定,各部门也要建立起人才阶段性需求的动态激励机制。

(2)在实施人才政策时,应注意其实效性、延续性和有效性。从我国的

实践情况来看,虽然各个区域各个产业都出台了不少人才政策,但是,在实际实施中真正有效执行并取得良好效果的少之又少。目前,政策的调整与修改过于频繁,比较典型的情况是各地的人才政策已经足够多了,现行的政策还没有完全执行到位就又推出了新的政策。政策的延续性和可预期性仍需加强。

2. 制定与执行人才政策需注重公平、公正、公开

(1)人才政策的公平性需要进一步强化。从人才的来源地区来看,可以分为国外人才和国内人才、本地人才和域外人才。在人才激励政策上不应该有所区分,全国上下应统一标准和待遇。

(2)人才政策的公正性还需进一步完善。政府在制定人才政策时,应注意在人才的引进、评价、资助类型的确定等方面,尽可能地减少不公正的因素。例如,在人才界定的过程中,要分类分层制定评定标准,评价过程要透明,评价主体要具有合理性。在政策实施的过程中,政府应当加强监督管理。

(3)人才政策的公开性需要进一步加强。由于政府没有对出台的人才政策进行充分的宣传,导致有些人才对相关政策一无所知或是一知半解,从而导致制定出来的人才政策在实施过程中无法发挥出应有的效果。因此,政府应当加大宣传,提高人才政策的普及程度。

3. 形成人才激励体系

(1)应注重建立长期有效的人才激励体系。人才政策不仅是对现有人才成果的奖励,更是对其未来发展的激励。各部门要具有远景意识,保持人才政策的连续性和长远性。

(2)整个"人才链"都应具有相应的人才政策,不能仅只针对个别顶尖人才。无论是产业类人才、基础研究类人才还是其他各类人才,政府都应该加以重视。

(3)在进行人才政策创新时,不能孤立地看待某一项政策,要综合考虑其在政策体系的实施效果。同样,不能孤立考虑一个城市的人才政策,应当加强与其他地区政策的结合,注重完善与政策相关的各种各样的配套措施。

(4)物质激励和精神激励相结合。在满足物质性激励的基础上,适当地

对人才进行精神激励。尤其是对一些高端人才来说,精神层面的激励往往更有效,对其更有吸引力。

4. 因地制宜地创新人才激励的方式与方法

根据马斯洛的需求层次理论,人们的需求在不同的发展阶段是不一样的,针对人才当期需求的激励才是最有效的。因此,需要从人才的需求和特点、针对重点行业、相应层次和发展阶段等来制定与之相应的人才激励政策,并采取相应的措施。例如,对于高端创新人才需要运用荣誉称号、团队激励、事业平台等方式,而对其他类型的创新人才,则需要运用住房、补贴、生活配套等方式。

5. 激励政策需要科学执行与定期评估

过于频繁调整人才激励政策或长时间不进行调整都会使政策激励效应无法充分地发挥出来。所以,一套完善的人才激励机制需要定期进行评估与调节,同时还需要设立一些机构来保证政策能够被高效地贯彻执行。

三、创新人才评价机制

《国民经济和社会发展第十四个五年规划和2035年远景目标纲要》指出,"完善人才评价和激励机制,健全以创新能力、质量、实效、贡献为导向的科技人才评价体系,构建充分体现知识、技术等创新要素价值的收益分配机制"。人才评价是人才发展战略的重要组成部分,也是人才资源进行开发和利用的先决条件。因此,要进一步深化人才评价机制改革,建立与人才发展规律相适应的人才评价环境,构建一套科学的人才分类评价机制。这对树立正确的用人导向、鼓励人才职业发展、调动人才创新创业的积极性、加快建设人才强国有非常重要的作用。

(一)强化德行评鉴力度,发挥人才称号的道德示范作用

在进行德行评价时,应采取正负面清单并举的原则,对负面清单(如学术不端等)进行检查,并对正面清单(获得认可和影响较大的道德模范项目)进行加分。进一步提升人才称号的道德示范效应,要加强新闻媒体、社会公众和工作单位同事对入围人才称号的科技人才进行道德监督,同时还要设置严格的德行清退制度,及时撤销道德失范者的人才称号。

（二）建立公平的人才评价机制

能够展现人才价值、调动各类人才的积极性、主动性、创造性的人才评价机制才是一个公平的人才评价机制，它不仅能够正确地指导各行各业的人才精准地完成规定的工作任务，而且可以成为激发各类人才创新和创业热情的"指南针"。

1. 制定公平合理的人才评价标准

公平公正的人才评价标准不仅符合人才发展规律、调动各种类型人才积极性的客观要求，还满足培养创新型人才的实际需求。只有坚持以人为本，坚持把品德、能力、绩效、贡献作为评价导向的核心，才能构建一个科学化、系统化、精准化的人才评价标准。坚持"破四唯"与"立新标"相结合，打破把科研成绩与工资、晋升、去留等相挂钩的单一考核方式，根治"四唯"倾向，改变职称评审时"一把尺子量一切""科研论文量化""教得好不如写得好"等现象。引导科研人才发现真正的问题、研究真正的问题，并将重点放在攻克重大前沿技术问题和关键核心技术研究短板上。对创新水平高、转化应用好，以及对经济发展和社会进步作出了突出贡献的科技人才进行丰厚奖励。

2. 构建公平公正的人才评价方式

公平的人才评价方式是"人尽其才""才尽其用"的前提条件，也是让各行各业中的创新人才施展才能的重要保证。只有实行科学评估、分类评估和精准评估才能够建立公平的人才评价路径。建立一个综合的人才评价机制，要以同行评价为基础，结合社会评价和市场评价，以科学化、社会化、市场化为导向，有效使用各种各样灵活的方式方法，不断增强人才评价的针对性和实效性。同时，要把人才类型和人才特点作为现实依据，合理设计评价考核周期，有效结合阶段性评价和长期性评价两个方面的内容，鼓励、支持和引导科研人才开展创新性研究和长期性研究。打破地域、年龄和身份等因素对人才评价工作的影响，不断完善健全急需人才和特殊人才的绿色评价通道，使评价更加精准科学。

3. 营造公平和谐的人才评价环境

公平的评价环境，对充分发挥人才评价的"指南针"功能起到了重要保障作用。相关政府工作部门需要树立正确的人才政绩观,努力为人才评价创建一个公平公正、求真务实、鼓励创新的环境与氛围。人才评价专家队伍要不断强化,人才评价专家的遴选、轮换、回避、退出等专项机制要逐步健全和完善,保证人才评价制度在阳光下运行。除此之外,评价环境的有效治理还需要进一步改进,要构建评价专家的准入制度和诚信评价的体系,对于评价标准把关不严格、评价责任落实不到位、评价质量效率不高的个人或单位,要进行严格的问责追责,同时也要积极引导各类人才对考核评价的态度。

(三)要构建"分层、分类、分时"的人才评价机制

评价人才时必须"以用为本",将人才放在某一领域、某一阶段、某一门类、某一"时空"去考察,坚持以动态的、发展的角度去考察,把"实践"当作根本的衡量标准。在人才评价中,要突出"分层、分类、分时"的理念,这就涉及人才评价的标准问题。人才评价标准是一个相对的、时空的和实践的概念,不同行业、不同专业、不同领域确立的人才评估标准会有很大差异。目前,我国之所以在人才评价中出现"四唯"现象,归根结底是因为"分层分类"考核没有真正贯彻到位,人才评价标准的决定机制偏离了实际,人才评价的灵活性不足,个别部门和单位仍习惯性采用简单的"一刀切"评价方式,以"成果数量"替代评价考核等。现实中存在着一些以"行政权力"代替"专业权力""市场权力""评审委员会"的现象,这是脱离实际的表现,导致了评价目标、标准和手段出现严重脱节,阻碍了专业人才的成长发展,有悖于以人才评价促进创新驱动和高质量发展的"初心"[①]。这样的问题需要在今后的改革中重点加以解决。

(四)推进人才评价科学化、社会化、市场化改革

中共中央办公厅、国务院办公厅发布的《关于分类推进人才评价机制改革的指导意见》明确指出,"加快形成导向明确、精准科学、规范有序、竞争择优的科学化、社会化、市场化人才评价机制,建立与中国特色社会主义制度

---

① 孙锐:《构建适应新时代发展要求的人才评价机制》,《中国人才》2019 年第 7 期,第25 页。

相适应的人才评价制度"是分类推进人才评价机制改革的目标。在这一目标中,提出了坚持人才评价机制的科学化、社会化、市场化,这也是当前人才评价领域需要解决的新问题。

1. 坚持人才评价机制的科学化

所谓科学化,就是要做到对人才进行客观的、准确的、有效的评价。首先是要明确评价目的。评价目的不同,评价标准、过程和方法等方面也不同。比如选拔职业经理人,那就必须要由雇主来评估候选人是否有相应的职业能力;如果是为了选择双创计划的资助对象,则需要双创计划的实施部门对候选人的资格条件、双创项目计划和预期效果进行评估。其次是要有精准的评价方法。要以人才评价的目的为依据,确定评价的要素、标准和方法,选择适当的评价主体,适当的设计评价程序。对人才评价的要素、标准、方法,都必须科学清晰,评价的主体(考官或是专家)也需要具有一定的专业性,且善于把握标准。必须严格遵循评价程序,评价的结论要明晰准确。最后是确定评价结果严谨有效。人才评价既需要达到评价目标的要求,又需要结果具体实用有效,并能经受住实践的考验。

2. 推进人才评价机制的社会化

所谓社会化,就是引入社会评价,发挥评价主体的多元化作用。目前,大部分人才评价都是在用人单位内部开展的,但是各级各类人才工程(计划)的评定、成果评奖和职称评定等都是对单位外部人才的评价,此类评价由外部社会各部门来主导。因此应加速培养社会专业人才评价主体。要对充当第三方角色的人才评价社会组织和专业评价机构进行培养,使其能够有秩序地接受政府转移的人才评价职能,很大程度地发挥功能,担负起制定评价标准、设计评价内容、开展专业水平评价、指导人才职业发展等责任,以保证社会化评价的公开、公正和权威,防止人才评价的行政化。

3. 加速人才评价机制的市场化

所谓市场化,就是将市场机制引入到人才评价中,使市场发挥对人才资源配置的决定作用。首先,要保障用人主体的人才评价自主权,这是人才评价机制市场化的基础和关键。要坚持遵循"谁用人,谁评价,谁担责,谁受益"的原则,把用人主体推向人才评价的第一线。对于用人单位要进行哪种形式的人才评估、是否要引进第三方以及评价结果如何应用等问题,完全由用人单位自主选择,各级政府和部门通常不会干涉。其次,对人才的评价要突出以市场为导向。引入市场竞争机制,突破人才评价的行政垄断。运用市场化的人才评价方法,实行优胜劣汰规则。加速人才要素价格的市场化改革,激发出各类人才市场的主体活力,使其发挥出人才资本的最大价值。最后,政府应转变职能。政府要更好地发挥作用,摆脱大量繁杂的人才评价事务,将工作重心转移到建立和维护宏观的人才评价管理秩序上。同时要对人才评价的社会环境进行优化,降低盲目评价,杜绝无效评价①。

第四节　人才结构战略

中国是人口第一大国,但并不是人才强国。人员总量是人才的基础,人才质量是人才结构的保障,科学的人才结构是历史和社会进步最根本的推进器。

一、人才结构含义与特征

1. 人才结构的含义

"人才结构",就是指一个组织体系内的人才分布与配置,它倾向于把社会需求作为标准。其基本内涵主要有 3 个层次,即人才整体中的要素数量、人才整体中要素的配置以及各要素在整体中的地位和作用。

人才结构可以分为"质"和"量"两个方面。人才结构的"质"主要包含人才个体或人才群体的健康状况、知识水平、技能水平、道德品质、个人修养等方面。人才结构的"量"主要包含人才在不同层次、不同职业类别、不同社会阶层以及不同产业、不同地区、不同城乡之间的分布与构成。一个地区或范围内的人才结构配置是否合理主要是通过"量"来体现的。

---

① 赵永乐,刘杨:《分类推进人才评价机制改革》,《群众》2018 年第 10 期,第 12 页。

2.人才结构的特征

人才结构具有人才内在的、本质上的规定性,它除了具备各类结构体的普遍共性之外,还呈现出自身的独特特征,其中最重要的是它的系统性、层次性和动态性。

(1)系统性。人才结构是一个纵横交错的结构系统,不仅体现了垂直特征,如不同年龄结构、不同层级结构的人才分布与组合,还体现了水平特征,如不同职业种类,不同地区、产业的人才分布与组合。垂直分布或水平分布并不是孤立存在的,也不是单一的,二者之间相互作用、相互影响,并且还可以通过一定的全面整合、形成合力,从而共同推动社会经济的发展。

(2)层次性。人才结构的层次性是指由若干个有才能的个体按某种关系进行配置组合所构成的一种特殊的人才结构。人才结构的层次性是由人才结构的系统性决定,主要表现在人才纵向结构的子结构与人才横向结构的子结构的排列上。系统结构的层次性体现在各种因素排列地位的层次性、划分标准和各层次功能的多样性上。层次性产生的根本原因是社会对人才的需求呈现出多形态的排序和级别。一个科学有序的人才结构必然要表现出一定的层次性,这种层次性并不是问题,而是一个人才结构的内在特性,它意味着一个人才结构自身生命发展的前后连续性,以及内部各个要素的相互维持与和谐互动。

(3)动态性。人才结构的动态性是指人才结构的分布和构成不是一成不变的,而是不断变化的。随着社会需求和岗位要求的改变,要及时地调整人力配置和人才培养规划,以确保“人尽其职”。

二、全球人才流动趋势

2022 年 11 月 7 日,全球化智库(CCG)在上海进博会虹桥论坛主会场举办“全球人才流动与发展论坛”,论坛上发布了《全球人才流动趋势与发展报告(2022)》(下称《报告》)。该报告是在全球化智库课题组的调查下完成的。这份报告归纳世界范围内的人才跨区域、跨领域流动的现状与发展走向,并对世界范围内的人才流动政策变动方向进行了分析,同时开创性地建立了世界上主要国家的人才竞争力评价指标体系,分析全球 38 个主要国家的人才竞争力。

《全球人才流动趋势与发展报告（2022）》是一份以提高对外开放、促进流动为目标的国际人力资源战略报告。在此基础上，对世界各国的人才竞争力进行了比较，并对世界各国的人才流动状况和趋势进行了分析，以期对世界各国的人才流动和发展提供一定的借鉴。

图 5-2 显示了世界主要国家的人才竞争力指数旗鼓相当。第 1~5 名为美国、韩国、丹麦、新加坡、日本；第 6~9 名为英国、以色列、中国、瑞典，指数分值都在 45 分以上。与之前不同的是，前十名中欧美国家与亚洲国家均为 5 个，世界人才中心正在从欧美向亚洲扩散。中国人才竞争力在总体中位列第八，具有较大的后发优势，然而与中国的经济体量在世界上的排名相比稍有落后。

人才规模指标反映了不同类型高层次人才资源的绝对数量，主要包括受过高等教育的适龄劳动力人口数和科学研究人员数量两个指标。《报告》显示出中国和美国具有明显的竞争优势，且远远超越其他国家，比如第三的印度、第四的日本、第五的俄罗斯。中国的人才规模指数更是名列第七、第八、第十的 3 个工业大国（德国、英国、法国）之和的 2 倍多（图 5-3）。

人才环境指标是对不同国家人才在生活、工作、学习环境方面优劣的一种衡量，具体包括"空气中不足 2.5 微米的颗粒物含量""人均二氧化碳排放量""世界企业 500 强""世界大学 1000 强"4 项指标。《报告》表明，在人才环境指标方面，美国和中国具有明显的优势，美国第一，中国紧跟其后。英国、日本、法国等 6 国为第二梯次，瑞典、西班牙、印度尼西亚等 9 国为第三梯次，新西兰、智利、挪威等 21 国为第四梯次（图 5-4）。

根据业内人士分析，《报告》构建出一种能够推动世界范围内人才交流的全球合作框架，为全球人才流动提供了治理方案与国际公共产品，形成了一种有利于促进人类发展合作、沟通交流的全球共识，推动了世界各国共商共建共享共赢。

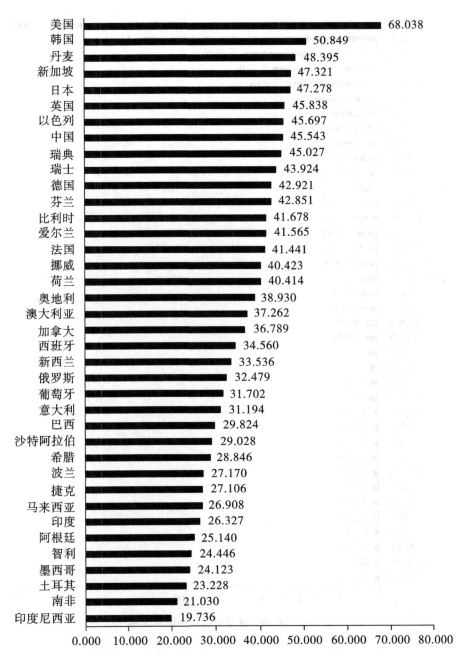

图5-2　38国人才竞争力指数(总体水平)的国际排序

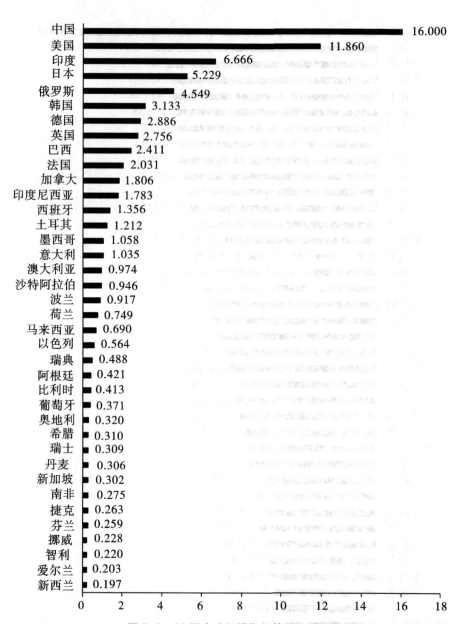

图 5-3　38 国人才规模指数的国际排序

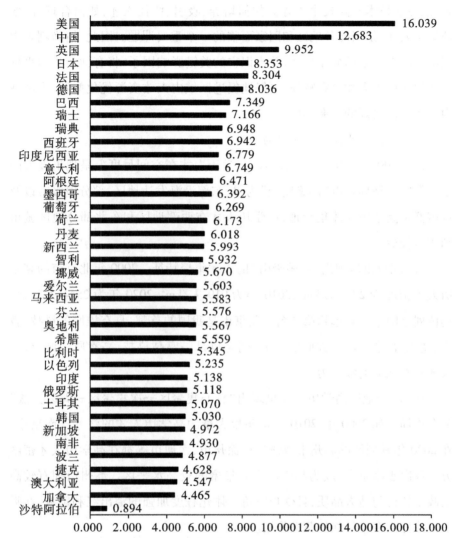

图 5-4　38 国人才环境指数的国际排序

三、我国人才结构分布

　　随着知识经济的发展,人才成为一国或地区经济发展与社会进步的重要因素。中国目前正在经历一场经济结构调整与产业结构调整的大变革。从人才的角度来看,目前传统的劳动力密集型行业在国民经济中所占的比例在不断降低,知识密集型行业所占的比例则在不断增加,这就需要大量的管理、专业技术和高技术人才。如何培养、吸引、留住人才,如何合理、高效地运用人才,是当前各地区和国家面临的一个重要课题。因此,精确刻画中国国内的人才空间分布特征,并辨识它的关键影响因子,将有助于我们更好地认识区域内人才分布特征,更好地促进区域内人才资源优化配置,为区域内人才提供更好的发展环境。

1.高学历人才时空分布格局

(1)2000—2020年中国各地区高学历人才在空间尺度上呈现出极大的不平衡分布格局。以"胡焕庸线"为界,东部沿海发达地区、部分地级市以及城市群是高学历人才集聚地,高学历人才在西部地区和东北部分地区城市则相对较少。

(2)北京市呈现出"单核吸引"的人才集聚特征。2000年北京市的高学历人才密度为284人/km²,2010年为919人/km²,2020年为2544人/km²,均位列全国第一且远超第二名。北京市是我国的首都,具有雄厚的科技、教育、文化、社会经济等方面的优势,同时也是一座高科技、高素质的城市,对人才具有强大的吸引力。

(3)部分地区高学历人才呈现出"核心集聚区—次集聚区—周边分散"分布格局。如2000年、2010年均集聚大量的高学历人才的江苏省南京市,在2020年其周围的苏州市、常州市、徐州市、南通市等都在高学历人才密度方面仅次于南京市,成为高学历人才集聚的较高水平区。苏州市拥有较高的政策扶持与地方品质,且受长三角一体化程度加强的溢出红利影响,在吸引人才方面有着较强的驱动作用。

2.高学历人才时空演化特征

(1)中国东部沿海经济发达地区分布着高—高型聚集的城市,具有较强的溢出带动作用,从而逐步形成了长三角高—高型聚集区、珠三角高—高型聚集区。东部沿海地区由于经济发展较快,教育资源丰富,区位优越,经济、文化、教育等多个领域具有较强的竞争优势,因此,对高学历人才的集聚与培育具有重要的现实意义。

(2)长三角、珠三角地区的一些高—高聚集性城市,对周边的其他城市产生了虹吸作用,从而形成了一些低—高聚集特征的城市。其主要原因是这些城市本身的经济发展水平较差,对周边的城市没有足够的吸引力等。

（3）低—低型集聚的城市集中于西部,与周边城市相比,这类城市的高学历人才密度较低,构成了一种低集聚格局的高学历人才聚集区域,表明西部一直处于人才稀缺的状态①。这主要跟西部区域的经济发展、财政支持低以及高校总体规模、分布和层次结构不够合理有关系。

（4）中国西部的省会城市分布着高—低型聚集的城市,这些城市对省内其他城市的高学历人才产生了一种虹吸作用,从而产生了一种"马太效应"。省会城市是全省的经济发展中心,它享受着国家和全省的政策扶持,是全省产业和资源的聚集高地,它持续地将其他非省会城市的高学历人才吸引到这里来,从而构成了中心—外围的高学历人才分布格局。见表5-2。

表5-2　2000年、2010年、2020年3个年份高学历人才密度LISA聚类结果整理②

象限/年份	2000年	2010年	2020年
第一象限（HH）	北京、上海、广州、苏州、南通、东莞、中山、嘉兴、常州等	北京、上海、广州、天津、潍坊、苏州、南通、扬州、泰州、常州、东莞、中山等	北京、上海、广州、天津、潍坊、苏州、南通、扬州、泰州、常州、东莞、中山、镇江、嘉兴、湖州、泉州、佛山等
第二象限（LH）	扬州、镇江、宣城、惠州、承德、马鞍山等	宣城、湖州、惠州、江门等	宣城、清远、惠州、江门等
第三象限（LL）	大兴安岭、齐齐哈尔、林芝、阿布尔哈密、日喀则等	那曲、阿布尔哈密、日喀则、阿克苏等	宝山、山南、那曲、阿布尔哈密、日喀则、阿克苏等
第四象限（HL）	乌鲁木齐、石河子、西宁、兰州、呼和浩特、昆明等	乌鲁木齐、兰州、南宁、昆明、西宁、银川等	乌鲁木齐、银川、西宁、兰州、昆明、南宁等

---

① 孙健,盖丽丽:《欠发达地区人才集聚陷阱研究》,《广东社会科学》2008年第1期,第25—28页。

② 刘雪茹,王承云,陈锦浩,唐乃新:《区域协调发展背景下中国高学历人才的时空分异研究》,南阳师范学院学报2024年第1期,第19页。

【案例与讨论】

高校教师"逆向跳槽"：高校人才流动何以更合理

2022 年 11 月,浙江工商大学法学院官网发布消息称,相继有 3 位教授在一年内加盟该院。其中 2 位教授分别来自华南理工大学、暨南大学两所"双一流"建设高校,1 位教授曾任山东工商学院法学院副院长。不久前,北京大学某教授公开求职引发公众关注。该教授在其公开信中表示,想看看有没有别的学校愿意让其去教书,并称"不在乎学校的等级(地方师专也行),也不在乎工作的地点"。在公众看来,这样的决定几乎是"自降身价"。高校人才"逆向跳槽"的倾向也需要有所警惕。这一现象是多重因素产生的综合结果,需要社会各界共同努力,有效化解其中的风险。

在国家层面,要构建合理的评价制度、规范的管理制度,促进高校人才的畅通合理有序流动。评价是人才流动的"指挥棒",要根据学科特色、岗位类型和人才发展阶段,优化完善人才评价体系。对于职业成长期的人才,重点评价其发展潜力和创新能力;对于职业成熟期的人才,重点评价其专业领导力和影响力。要切实加强和改进党对人才工作的领导,认真落实党管干部、党管人才的原则,进一步提高高等教育治理水平,努力营造出能够使各级各类人才各得其所、尽展其能的发展环境。要坚持正确的人才流动导向,优化人才布局,细化政策引导,鼓励合理流动,规范无序流动,加大对中西部、东北地区等"人才洼地"高校的支持力度。限制高校之间仅通过"竞价"方式抢挖人才,破除根据头衔帽子定待遇、分资源的"五唯"顽疾。

在院校层面,要大力培养青年英才,加强引进海外高层次人才,鼓励支持中西部和东北地区的高校以人才队伍建设为抓手,实现特色凝聚、错位发展。办大学就是办学科,一流学科有两个标志,一是拥有一流科研,产出一流学术成果;二是有一流的教学,培养出一流的人才,而一流科研和一流教学都要依靠一流的学者队伍。高校要完善青年人才管理体制和培养机制,善于发现、重点支持、恰当使用高校青年教师,下功夫培养造就一批对学校和区域发展有认同感和使命感的青年领军人才。要统筹处理好培养和引进的关系,有规划、多渠道地吸引海外高层次人才和优秀青年人才,使人才市场边界从国内扩展到国际。要根据学校办学定位和学科布局,打造比较优势实施错位发展,使特色学科能够积聚培养一批高层次人才和高水平学科团队,以充足灵活的经费和良好的管理体制机制支撑起学科人才高地建设。要创新高校间高层次人才流动共享方式,采取重大项目联合攻关、实验室协同共建、设置兼职岗位等创新方法,实现人才资源优势互补。

在学者层面,要牢固树立社会主义核心价值观,以高尚的人格品行、深厚的学术造诣,主动投入高等教育高质量发展与中国式现代化建设中。高校人才要自觉加强师德师风建设,形成正确的义利观、得失观、群己观,做大学精神的缔造者、传承者、实践者,做社会进步的领跑者、开拓者、奉献者。要以研究学问、培养人才为光荣职责和毕生事业,产出高质量创新成果、培养高层次创新人才,践行潜心育人、专心科研、热心服务的良好风尚。要积极投身于立德树人的根本任务,服务于国家重大发展战略。青年教师在择业就业创业时要准确把握个人定位,将职业发展规划与就业层次、学校发展、国家需要等因素有机对接起来。高层次人才要将"职业"作为"志业",将培养时代新人、破解"卡脖子"难题作为"跳槽"的导向标准,在实现教育发展、国家繁荣、民族振兴上作出应有贡献。

(来源:《光明日报》)

思考与讨论

(1)在百年未有之大变局的今天,你认为我国人才战略管理的特殊性在哪里?如何使其助力国家发展战略的实现?

(2)你经历过或听过身边人讲述人才战略管理相关故事吗?这些故事体现了书中的哪些观点?

第六章

人才战略管理的实践创新

【案例导入】

福建省高度重视人才工作,认真学习贯彻落实习近平总书记来闽考察重要讲话和关于人才工作的重要论述精神,深化人才发展体制机制改革,着力构建"一横一纵"人才认定和支持体系,在服务和融入新发展格局上展现更大作为,为全方位推进高质量发展超越、奋力谱写全面建设社会主义现代化国家福建篇章提供坚实人才支撑。

针对传统人才计划遴选周期长的弊端,在近年探索实践基础上,出台福建省高层次人才认定和支持办法,采取资格条件认定制,实行"省级出政策定条件、设区市评价认定",并进一步强化以"用"为导向的人才评价。

注重系统集成,上下贯通。通过对省级层面众多政策性文件和项目进行优化整合,在一份文件中明确"谁是人才,如何认定,给予什么政策支持"。福建省高层次人才分为省级高层次人才和市级高层次人才,省级高层次人才划分为特级、A 类、B 类、C 类 4 个层次,可享受安家补助、住房保障、子女就学、医疗保健等多项工作和生活待遇。市级高层次人才接续在省级之后进行设置,如三明市接续设置了 D 类、E 类和实用 1 类、实用 2 类等市级高层次人才。已认定的省级高层次人才,无需重复认定为市级高层次人才,就可在当地享受相应的工作生活待遇。省级高层次人才认定工作授权各设区市组织部门及省人社厅开展,以其为认定单位,实行"一网通办",通过简化认定流程,有效缩短了认定时间,截至 2021 年 9 月,已认定省级高层次人才 4125 人。

坚持引育并重,统筹兼顾。省级高层次人才按照 4 个层次设置具体资格条件,其中特级人才 15 项、A 类人才 34 项、B 类人才 57 项、C 类人才 77 项,人才只需符合其中任意一项条件就可认定为相应高层次人才。认定办法不仅适用于引进人才和有意来闽就业创业的待引进人才,还适用于已经在闽的现有人才。对有意向来闽的高层次人才,允许其与用人单位洽谈时提交引进高层次人才认定申请,按程序和条件予以预确认,来福建省落地后直接享受政策支持。将现有人才纳入认定支持范围,有利于调动最广大人才创新创造的积极性,激励人才持续成长。福建省统筹考虑区域发展不平衡的实际,采取放宽部分限制性指标等倾斜支持方式,将更多在山区地市和艰苦边远地区的人才纳入认定支持范围,引导人才向这些区域流动。

突出以用为本,多元评价。认定工作坚持德才兼备原则,坚决破除"四唯"倾向,注重凭能力、业绩和贡献评价人才,注重行业认可、社会公认,注重发挥政府、市场、专业组织、用人单位等多元评价主体作用,将高新技术成果转化、技术创新、发明专利、标准制定以及所创造的经济效益和社会效益等纳入评价体系。推行企业推荐、设区市自主认定的人才认定方式,允许各设区市面向省级以上高新技术企业、重点培育的行业企业、新引进的重点企业自主认定一批省级高层次人才;各设区市在研究制定市级高层次人才的认定条件时,也积极授予用人单位或主管部门更大的自主权。通过自主认定,一大批有实力无头衔、作用发挥好、重点企业认可的人才得以脱颖而出,获得各级人才政策的支持。

为全方位培养引进用好人才,在高层次人才认定工作的基础上,福建省还针对不同阶段、不同行业人才的特点,通过分析各类人才的成长规律,努力为广大人才成长提供个性化的支持方案和路径选择,充分激发各类人才创新活力,推动引才聚才取得更大成效。

支持一批产业领军团队。为促进人才链与产业链、创新链有效融合,努力培育一批实体经济"单项冠军""专精特新"企业,福建省提出每年支持 25 个左右的产业领军型人才团队,给予 300 万~800 万元补助,对能实现重大技术突破的实行"一事一议"、最高补助3000万元。目前已支持两批43个人才团队,这些人才团队分布在全省9个设区市,聚焦在新一代信息技术、新能源、新材料、海洋高新、生物与新医药等新兴产业领域,许多企业已在细分领域成长为国内乃至国际领军企业,成为福建省高质量发展的新引擎。

引进一批高层次创新创业人才。为吸引更多海内外高层次人才到福建创业创新,福建省分批次遴选支持高层次创新创业人才(团队),其中90%以上为主导产业和新兴产业急需紧缺的高层次人才。这些引进人才整体素质高、创新创业能力强,有力支撑和引领全省各地产业转型升级和经济社会发展,成果显著,远超预期。许多人才所在企业已成为相关行业的"领头羊""独角兽"。

培育一批"八闽英才"。区别于人才引进相关政策,"八闽英才"培育工程着眼于福建省现有人才的培育,遵循各类人才成长规律,全链条精准施策。如"雏鹰计划"青年拔尖人才支持政策,聚焦40岁以下青年人才,致力于培育一支专业潜力强、创新活力足、成长空间大的青年高层次人才队伍,目前已有97人入选,平均年龄36.7岁,广泛分布在全省各高校、科研院所、地方企业和医疗机构等,个别人才在很短时间内就入选了国家级人才项目。又如特级后备人才支持政策,定位于自主培育特级人才,目前已有19人入选,一些人才已入选为2021年两院院士候选人;"创业之星""创新之星"人才支持政策,专注于培育一支本土的产业型创业创新领军人才,目前已有34人入选。

打造一批跨学科产学研创新团队。为促进省内高校资源共享、优势互补与创新协同,有效对接行业企业关键、共性技术需求,福建省大力推广"跨校组建、校企联合"(即"校、校、企")模式,打造具有交叉学科特点的产学研创新团队。团队负责人由高校科研人员担任,团队成员需包含1名其他高校科研人员、1名转化企业的相关人员。目前已有35个团队获得省级层面支持,既涉及新兴产业领域,也涉及农业、海洋、生态等传统领域和优势特色产业,合作企业既有上市公司、规上企业,也有中小企业、民营企业,有力推动省内高校高水平协同创新成果直接向企业转化。

福建省坚持党管人才原则，积极推进人才发展体制机制改革的探索实践，已初步构建起"横纵结合"的人才政策体系：横向上，建立了系统集成的人才认定平台，为各行业人才队伍的评价、保障和激励提供了基础性的政策依据和工作平台；纵向上，针对人才成长的不同阶段、不同层次，分别研究制定专门的重点人才计划支持，提供了梯次化、个性化的人才成长支持路径。围绕"横纵结合"的人才政策，福建省构建了分工明确、协同高效、合力汇聚的人才工作体系。

各司其职，密切配合。人才认定和支持工作在省委、省政府领导下，由省委组织部牵头抓总，省直有关部门和各设区市分工明确，各方面力量广泛参与，形成推动工作的整体合力。如高层次人才认定工作实行"统一公布，分头落实"机制，各设区市根据授权认定省级高层次人才，省、市责任单位负责具体政策兑现；产业领军团队支持政策由7家省直单位通过组建联席会议制度的方式实施，重大事项和关键环节共同研究，日常工作由省工信厅具体负责；特级后备人才的遴选和支持工作，由省科协牵头实施，人才所在用人单位负责设立个性化、制度化的培养措施，相关省直单位根据职能为入选人才创造发展条件。

长期激励，灵活高效。在人才评价中首创设立晋级奖励、荣誉奖励，可对人才的持续提升形成长期的激励效果；授权设区市认定、探索企业自主认定、设置可拓展条款等做法，使人才评价方式更加多元、更加灵活。大部分人才政策都实行中期评估及动态调整机制，通过经常听取专家人才的意见建议，定期对政策进行调整优化，及时回应人才发展需要。同时，为避免对同一人才给予多次重复支持，明确同层级人才支持政策只能获得一项，已获较高层级人才政策支持的不再享受较低层级人才政策支持。

优化服务，营造氛围。坚持用心用情做人才工作，推动各级党委、政府加强人才工作力量，协调解决重大人才平台建设、重点人才工程推进、重要人才团队引进中存在的堵点难点问题，在人才工作目标责任制考评、人才驿站建设、人才集团组建等方面进行了有益实践。各地各部门立足部门职责主动靠前服务，打通"最后一公里"为各类人才提供业务咨询和帮助指导，让各类人才在福建安居乐业。通过在各类媒体上开展人才政策解读和《八闽人才》系列宣传报道,进一步提高人才政策知晓率,广泛宣传一批优秀人才典型,努力营造有利于人才发展的浓厚氛围。

(来源:《中国人才》杂志)

第一节　人才优先发展制度保障

一、人才优先发展制度产生的背景

我国自 20 世纪 90 年代起,人才学正式从应用创新阶段向战略管理创新阶段转变。在初级阶段,我国在人才资源理论的研究与宣传方面取得较大进展和成效,明确提出整体性人才资源开发的理念,特别注重对人才的预测与规划、培养与使用、管理与配置的工作,并掀起了人才资源开发的热潮,人才学研究和学科建设进入了一个新的发展阶段,进一步构建了较为科学、完善的人才学理论体系和框架结构。进入经济全球化时代,知识经济到来,增长模式发生转型,人才理论的新概念、新思路、新观点、新战略随着全国人才工作会议精神的进一步落实和人才强国战略的全面实施,需要进行新的阐述和发展。

2002 年 5 月,中共中央办公厅、国务院办公厅制定并颁布了《2002—2005 年全国人才队伍建设规划纲要》,首次提出实施人才强国战略,总体上我国人才强国战略的实施、发展可划分为 4 个阶段,即:提出阶段(1978—2002 年)、形成阶段(2003—2009 年)、增强阶段(2010—2021 年)和提升阶段(2021 年以来)。

1. 提出阶段(1978—2002 年)

党的十一届三中全会提出了"尊重知识、尊重人才"的重要方针;中央做出"人才资源是第一资源"的战略论断;2000 年中央经济工作会议首次提出制定和实施人才战略;2001 年国家"十五"计划专门设立实施人才战略专章;2002 年提出党管人才原则,颁布《2002—2005 年全国人才队伍建设规划纲要》,提出"实施人才强国战略"。

2. 形成阶段(2003—2009年)

2003年5月,中央政治局召开会议专门研究部署加强人才工作,并成立中央人才工作协调小组;2003年12月第一次全国人才工作会议召开,中共中央、国务院作出《关于进一步加强人才工作的决定》,明确国家人才工作的根本任务是实施人才强国战略;2003年12月党中央、国务院《关于进一步加强人才工作的决定》同样明确提出,坚持"党管人才"原则,坚持以人为本,坚持科学的人才观,全面部署实施人才强国战略;2004年《中共中央关于加强党的执政能力建设的决定》明确了加强党的执政能力建设是党在当前和今后一个时期的主要任务,这进一步表明我国进入战略管理时代,战略思维必须贯彻在各项工作中,战略人才成为时代之急需,如何顺应时代培养人才、发展人才成为系列会议重要议题;2007年党的十七大将人才强国战略写入党代会报告和党章,人才强国战略被确定为我国三大基本战略之一。

3. 增强阶段(2010—2021年)

2010年第二次全国人才工作会议召开,颁布《国家中长期人才发展规划纲要(2010—2020年)》,作为新中国成立以来第一个中长期人才发展规划,这是实施人才强国战略的总体规划,明确了人才发展的重要指导方针,提出了人才支撑和人才引领的理念,确立了人才在整个国家经济社会发展战略布局中优先发展的战略位置;2012年党的十八大强调提出加快确立人才优先发展战略布局;2014年习近平总书记在中国科学院第十七次院士大会上明确指出,要把人才资源开发放在科技创新最优先的位置,他还强调:"人才是衡量一个国家综合国力的重要指标。没有一支宏大的高素质人才队伍,全面建成小康社会的奋斗目标和中华民族伟大复兴的中国梦就难以顺利实现。"2016年中央出台《关于深化人才发展体制机制改革的意见》,该文件的颁布实施,对于促进我国人才事业的科学发展,具有重要而长远的战略意义;2017年党的十九大做出"人才是实现民族振兴、赢得国际竞争主动战略资源"的重大判断。

4. 提升阶段(2021年以来)

2021年9月,中央人才工作会议召开,提出实施新时代人才强国战略总体战略布局;2021 年 11 月党的十九届六中全会强调,深入实施新时代人才强国战略,加快建设世界重要人才中心和创新高地,聚天下英才而用之。随着 21 世纪第三个十年的到来,我国在全面建成小康社会以后,进入了"全面建设社会主义现代化国家、向第二个百年奋斗目标进军新阶段,在坚持创新、科技自立、高质量发展等新发展理念的引领下,构建以国内大循环为主体、国内国际双循环相互促进的新发展格局"的"三新"阶段,并将"人才优先发展"这一战略始终作为建设人才强国的关键。

二、人才优先发展制度的内容与作用

1. 人才优先发展制度的内容

在推动经济社会发展过程中,人才是最具有关键性、战略性和根本性的资源,也是最为重要、最具有发展潜力和最可持续发展的资源。人才在政治经济社会发展中的作用随着知识化时代的不断发展而变得越来越重要,各国逐渐将人才发展作为一种战略和制度。人才发展战略主要是指不同的国家区域、组织机构等主体,为了实现相应的发展规划和目标,通过教育培训、学习交流、组织开发等多种形式,促进人才与组织、区域共同协调发展,在提高绩效和效益的同时,促进人的不断发展,进而实现经济社会可持续发展的重大策略谋划。而人才优先发展,这里的"优先"是指相对于农业发展、工业发展、服务业发展等经济社会的发展,人才发展都应处于优先位置。除此之外,相对于物质资源、自然资源等各生产要素,人的要素是第一发展要素,应该放在优先位置。目的是通过人才的发展去引领带动经济社会的发展,从而推动整体的科学发展。其范畴已逐渐超过了传统的人力资源开发及人才发展的目标指向,在各类组织机构、区域发展规划中都有体现,已经成为一种决定组织和区域发展方向的发展战略。

由于人力资源相对于其他自然资源具有很强的能动性和再生性特点,并且可以转化为其他的社会物质财富。同时,在知识经济时代,科学技术是第一生产力,国家之间、区域之间的竞争,是高新技术、高质量产品的竞争,更是人才的竞争,传统的物质资源正在被人力资源所取代,人力资源在所有资源当中逐步走向首要地位,并成为第一资源,人才资源也在社会财富构成中所占的比重越来越大。因此,建立人才优先发展制度的基础是确立人力资源"四个第一"的思想,即人力资源是经济社会长期持续发展的第一资源,全面开发人力资源是全面建设小康社会的第一目标,全面开发人力资源是实现富民强国的第一国策,全面开发人力资源是各级政府的第一责任。

人才优先发展的理论不是空泛的,它是人才事业发展实践的产物,是在我国人才事业发展的过程中逐步形成的。其主要涵盖4个方面的内容。

(1)优先创新人才制度。人才制度的创新为人才优先发展提供了制度前提和法律支持,制度问题具有根本性、全局性、长期性和稳定性的特点,因此进一步加快推进法制化进程是当今中国人才制度创新的主要任务。这就要求进一步明确"人才本位"这一理念,完善相应的人才资源开发体系,优先创新有利于促进人才价值实现和提升的制度环境,为促进我国人才汇聚机制和人才事业科学发展提供政策和制度保障。

(2)优先开发人才资源。人才资源是人才优先发展的核心支撑,开发人才资源不仅要扩大人才增量、盘活人才存量,更要能够激发人才效能、扩大人才产出。这就需要加快培养和引进在未来经济和社会发展重点领域的急需紧缺人才,依靠人才资源的强大指引作用和促进作用推进经济社会的发展。

(3)优先优化人才结构。人才优先发展的立体框架是由人才结构来支撑的。要依据未来经济结构战略性调整和产业结构优化升级的新要求,预先对人才资源结构进行合理调整,并提前做好相关人才储备工作,实现人才结构与经济社会结构相适应、相匹配。

(4)优先积累人才资本。支撑人才优先发展的长久动力是人才资本,确立人力资本优先投资、优先积累的原则是人才优先发展的根本途径,其在确立人才优先发展的战略中具有举足轻重的地位。要进一步加大人力资本投资力度,迅速增加人力资本积累,尽快把发展路径调整到人力资本积累优先上来。

2.人才优先发展制度的作用

首先,国以才立、政以才治、业以才兴,人才是强国富民的关键。人才优先发展是知识经济时代的必然要求。在知识经济时代,人才已经从被管理的"资源"变成了影响前途的"战略资本"。进入21世纪,科技日新月异,创新进入密集活跃期,正在改变着全球经济格局。因此,在国家、地域、产业的竞争中,人才被放在了更重要的位置,成为实现民族复兴、在国际竞争中赢得主动权的决定性战略资源。在知识经济时代,人才不再是被管理的对象,而是企业、产业乃至国家竞争力的一部分。故唯有人才优先发展,知识经济才能从形式转化为现实并顺应我国新时期国情。

其次,人才资源作为经济社会发展第一资源的特征和作用、性质和地位决定人才要优先发展,实现经济社会健康发展的唯一的必然选择是依靠人才优先发展。世界正经历百年未有之大变局,处于新一轮科技革命和产业变革孕育兴起新时期,新产业、新动能、新技术将成为影响经济增长的关键因素,这要求我国以发展创新经济为核心,进一步加快推进创新驱动发展战略。获取创新要素的基础是发展创新经济,其中非常重要的是创新人才。创新人才是一个国家科技竞争力,甚至是国力的代表,也是近现代全球科技发展的"最强大脑"。2018 年,教育部联合其他部委发布的实施基础学科拔尖学生培养计划 2.0 的意见强调:培养基础学科拔尖创新人才是高等教育强国建设的重大战略任务。习近平总书记在 2022 年党的二十大报告中再次明确指出,要全面提高人才培养质量,着力造就拔尖创新人才。显然,国家已将拔尖创新人才培养提升到治国、强国的战略高度。所以,人才优先发展是进一步深入贯彻落实习近平新时代中国特色社会主义思想的具体表现,是落实新发展理念的必然要求,是构建新发展格局的基础工程和先决条件。

最后,面对激烈的国际竞争,有效的战略选择必然是人才优先发展。随着经济全球化趋势的深入发展,人才竞争变得日趋激烈,人才国际化已经成为一种不可逆转的时代潮流。能否拥有和保持一个规模宏大的高素质人才队伍,已成为一个国家在国际竞争中事关兴衰成败的重大战略问题。为了适应新形势下经济和社会的发展规律,增强国家竞争力和提高国际地位,各国都开始逐步重视并积极开发人才资源,积极制定和实施符合本国国情的人才战略。我国把针对海外人才的引进和吸纳,作为能在国际竞争中赢得主动权的重要策略。党的十八大以来,以习近平同志为核心的党中央明确提出"聚天下英才而用之"的战略目标,为留学归国人员提供了大量就业机会和政策支持。在"十三五"期间,国家出台的一系列帮助、鼓励支持和引进海外留学人才回国创新创业的政策取得了明显的成效,海外留学回国人员总数在 2016—2019 年有明显的增长,留学回国人员增速连续超过当年出国留学人员增速。我国国内的营商环境随着政府的重视与加强,得到了极大的改善,选择回国创业的海外留学高水平人才也越来越多,2020 年留学生回国求职同比增长 67.3%,且大多是从事拥有自主知识产权的高科技创新创业产业,中国正在形成新中国成立以来规模最大的海外留学人才"归国潮"。

三、人才优先发展制度保障的内容与方式

1. 理念引领保障机制

基于当前我国新时期积极推行的五大发展理念:创新、协调、绿色、开放、共享已逐渐贯穿于改革发展、现代化建设的各个环节和全过程,可以看出其不仅适用于经济社会发展,在人才事业的发展上也起到了至关重要的启迪和引导作用,可以切实保障人才事业能够优先发展。以创新引领人才事业,必须把创新型人才的培养作为首要核心任务。首先对创新型人才培养和开发的力度要不断加强,加大创新型人才的有效供给,增强和提升其创新能力,并且满足经济和社会发展创新的需要。要坚持把创新作为引领经济社会发展的重要动力,把人才作为支撑发展的第一资源,努力建设一支规模宏大、结构合理、素质优良的创新人才队伍,把各类人才创新活力和潜力激发出来,实现大众创业、万众创新的生动社会局面。通过协调理念来引领人才事业发展,必须要把"两个协调"解决好。其一是人才资源自身的协调发展,其二是人才资源发展和经济社会发展之间的协调。若将人才资源看作产品,只有产品本身不断升级改造加之协调好上下游关系,才能发挥好人才资源对经济社会发展的推动和引领作用。以绿色理念引领人才事业发展,必须注重解决好两个方面的问题,其一是绿色专业人才的培养,以适应国家生态文明建设和可持续发展之需,《国家中长期人才发展规划纲要(2010—2020 年)》提出大力开发 17 类国民经济和社会发展重点领域急需紧缺专门人才,其中就包括生态环保人才。其二是强化各类人才尤其是带头人的绿色发展理念,将绿色发展理念切实落实到各种创新活动和经济发展行动上。以开放理念引领人才事业发展必须解决好国内国际两个市场贯通以及本土人才和国际人才之间的融合发展问题。随着我国经济社会的迅速

发展、营商环境的逐步改善,以及颁布实行多项对外来人才的优惠政策,大量留学生回归所带来的归国热潮有望在未来成为大趋势。以共享理念引领人才事业发展,习近平总书记曾在北京大学考察时特别指出,我们要发挥好各类人才的智慧,聚天下英才而用之。故必须更加重视知识和人才的共用问题,广泛吸引招纳各类优秀人才为不断变化发展的经济社会服务。

2. 多元投入保障机制

产出成果是由投入所决定的,没有投入就没有产出,这是经济学的基本原理。人才事业的发展和经济社会的发展一样都需要投入,确立人力资本优先投入、优先积累的发展路径是实施人才优先发展战略的第二个保障机制。做好人才开发工作的资金保障需要把人才的开发、培养和引进经费列入年度预算中,对现有人才资金使用的统筹规划要不断增强,对于学术、技术带头人的培养、高层次和紧缺人才的引进、优秀人才的奖励、企业人才知识更新与技术创新培训的资助以及科研项目研究和科技成果转化的资助要切实保障好,为人才资源的有效开发和智力成果的顺利转化提供资金方面的支持。人才项目经费的筹集渠道要不断拓展,探寻多样的投入办法,鼓励并支持企业加大对科研和人才开发的投入力度,鼓励社会各界人士参与人才开发的过程,建立一个政府、用人单位、社会和个人的多元化人才投入机制。

而且从国际经验看,坚持人才投入优先是一个国家跨越中等收入陷阱的重要因素。世界经济发展的历史证明,"中等收入陷阱"一定程度上是"人才陷阱"。20世纪中后期,东亚的韩国、日本以及中国的香港、台湾地区,采取人才投入优先的发展战略,大力发展教育,加快人才开发,迅速实现了经济起飞,成功跨越中等收入阶段;而教育投入明显偏低、人力资本发展不充分的阿根廷、巴西、智利、乌拉圭等拉美国家,则长期陷入发展泥潭。"十四五"是我国向高收入国家行列迈进的关键期,必须借鉴吸取历史经验,坚持人才投入优先,为成功跨越"中等收入陷阱"插上人才之翼。从国内现实看,坚持人才投入优先是我国加快转变发展方式,实现经济社会健康持续发展的关键所在。经过改革开放四十多年的快速发展,我国投资与消费结构性失衡问题日益凸显,经济发展与能源资源短缺、生态环境脆弱矛盾加剧。随着经济发展进入新常态,持续扩大消费、投资、出口挑战重重,劳动力、土地、资源、环境、过剩产能不断强化"硬约束",传统增长方式已难以为继。适应新常态、引领新常态,向质量提升,"人口红利"必须坚持人才投入优先,推动要素投入由规模向"人才红利"转变,在激发全社会创新创造活力中,打造创新驱动新引擎,促进经济提质增效升级,在未来发展中赢得先机。

3. 组织领导保障机制

组织领导是实施人才优先发展战略问题的重点和关键。要通过人才发展机制改革的进一步深化,为各类人才搭建干事创业的平台。各级党委要不断增强主体责任,进一步完善党管人才的工作格局,使人才工作的重大措施能够落地生效,积极解决用人单位和人才的困难,加强对人才的指引和吸收。各级组织应着重关注人才优先发展,亲自抓第一资源和第一生产力。要更加积极实施人才优先发展的目标责任制度,明确各级各类组织及其主要负责人关于人才工作的目标任务和职责要求,要把人才优先发展和落实情况作为考核组织机构及其领导人的指标体系,并将考核结果作为领导班子评优、干部任用的重要依据。做好组织领导的保障机制,在凝聚合力上狠下功夫,探索建立相关工作统筹规划、协调发展的管理新机制,形成各司其职、密切配合的人才工作新格局。做好指导、协调和服务,管宏观、管大局、管战略、管政策,在思想和行动上加以注重人才优先发展的战略地位。

第二节　人才政策创新的区域比较

一、国家的人才布局

我国国土面积广,受地形和环境等客观因素的影响,人口分布不均,从而导致区域间经济、文化、教育、社会发展不协调甚至失衡,进一步影响人才的均衡分布,致使行业精英人才面临扎堆或匮乏的两难现象,我国在人才布局上主要存在以下两个问题。

1. 人才结构和行业分布存在明显的不合理性

传统产业的一般专业人才过多,而高新技术专业和跨领域、跨行业、跨学科的复合型人才相对稀缺；农业、信息、金融、财会、外贸、法律、生物技术、环保等行业的人才更是严重短缺，尤其是熟悉国际贸易规则、能够参与解决国际争端的专门谈判人才更是稀缺。这种状况严重制约了我国经济发展的步伐，也影响了国家的经济安全和社会稳定。同时，国家安全与发展领域的基础研究人才缺乏，缺乏后继者，这是一个严峻的问题。

2. 人才资源在层次、地区和所有制结构间失衡

从人才分布层次上看，高层次专业技术人才比例较低，科技部人才中心副主任陈宝明在对由科技部组织编写的《中国科技人才发展报告2020》进行解读时表示："从总体上看，我国科技人才发展仍然存在不足之处，科技人才队伍结构有待优化，R&D人员投入强度仍然较低，高端科技人才缺乏的问题仍然突出。"从人才资源分布地区看，中国科技人才整体加速向东部及少数中西部中心城市聚集，东北和西部欠发达地区人才流失加剧。从人才产业结构来看，第一产业存在人才"供过于求"现象，即第一产业人才数量过剩，亟待转移；第二、第三产业均存在人才短缺现象，其中第二产业的人才最为紧缺，供需矛盾突出。①

R&D是指在科学技术领域，为增加致使总量（包括人类文化和社会知识的总量），以及运用这些知识去创造新的应用进行的系统的创造性的活动，包括基础研究、应用研究和实验发展三类活动。从总量上来看，我国R&D人员保持稳步增长趋势，2019年全国R&D人员当量为480.1万人，相较于2015年增加了104.2万人，年均增加6.3%。从地区分布看，我国R&D人员分布总体呈现出东多西少的格局。

如图6-1所示，2019年全国65.6%的R&D人员集中在东部地区的10个省市；东北地区R&D人员所占比例是最少，仅占全国的3.9%；中部6省和西部12省（区、市）R&D人员所占比重分别为17.8%和12.7%。从研发人员投入密度来看，截至2019年末，东部地区研发人员投入密度为58.1人年/万人，中部地区为23.0人年/万人，西部地区为16.0人年/万人，东北地区为17.3人年/万人，其中东部地区远远高于其他地区，发展是最快的，西部

① 陈玉兰：《我国人才结构失衡现象及其对策研究——基于结构偏离度分析视角》，湖南科技大学学报（社会科学版）2013年第6期，第109-112页。

地区投入密度最低。相对于 2015 年总体情况,除东北地区外,其他地区 R&D 人员投入密度均有所增加(图 6-2)。

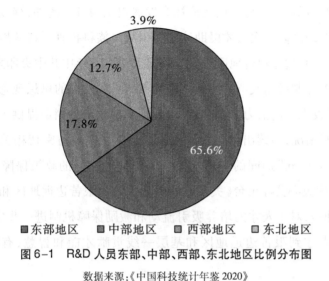

图 6-1　R&D 人员东部、中部、西部、东北地区比例分布图

数据来源:《中国科技统计年鉴 2020》

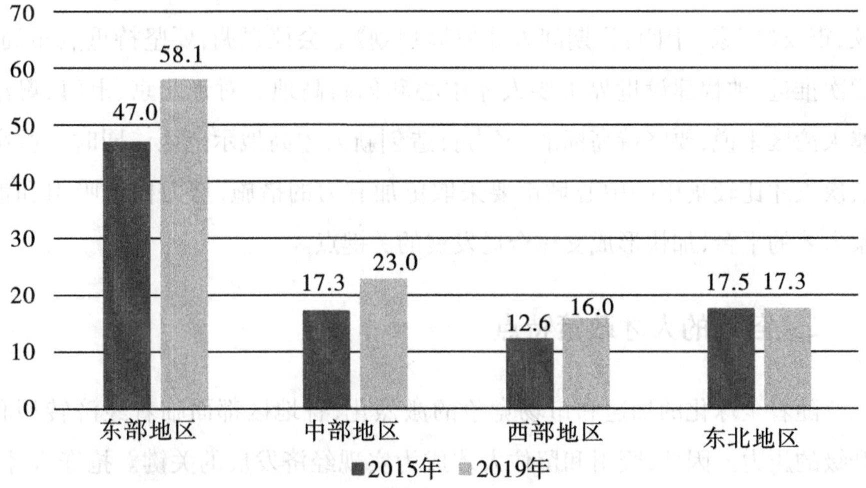

图 6-2　东部、中部、西部、东北地区研发人员投入密度情况(单位:人年/万人)

数据来源:《中国科技统计年鉴》《中国统计年鉴》

为了更好地推行人才优先发展战略及制度建设,缓解人才分布不均带来的失衡发展的影响。"十三五"期间,我国积极完善人才顺畅流动机制,进

一步打通人才流动渠道,使各类人才能够在不同性质的单位和不同的区域之间实现自由流动。2011 年,"万名专家服务基层行动计划"由人社部启动实施并持续有效推进,为基层经济社会发展提供服务。此外,继续组织实施西部和东北地区高层次人才援助计划和少数民族科技骨干特殊培养计划工作,解决基层和边远艰苦地区对人才的渴求。2016 年中共中央印发《关于深化人才发展体制机制改革的意见》,破除束缚人才发展的思想观念和体制机制障碍,激发人才的活力,为各项人才激励专项政策的制定提供了依据。各地根据自身情况,陆续出台与人才各项待遇等切实利益密切相关的措施和细则,为"十三五"期间的人才优先发展构建了良好的政策保障。2019 年6 月,中共中央办公厅出台《关于鼓励引导人才向艰苦边远地区和基层一线流动的意见》,对于人才的培养吸引流动和激励保障机制进一步完善,激励更多优秀人才到艰苦边远地区和基层一线贡献才能和智慧、有所成就和建树。

国家在缓解因人才发展不均带来地区失衡发展的同时,也进一步坚持和发展世界人才高地建设战略,2022 年 4 月 29 日,中共中央政治局召开会议,审议《国家"十四五"期间人才发展规划》。会议强调,要坚持重点布局、梯次推进,加快建设世界重要人才中心和创新高地。对于北京、上海、粤港澳大湾区来说,要坚持高标准,努力打造创新人才高地示范区。同时一些高层次人才比较集中的中心城市要采取更加有力的措施,努力构建吸引和汇聚人才的平台,加快形成支撑全局发展的关键点。

二、各地的人才政策特点

随着全球化的加速和市场竞争的激烈化,各地区都面临着经济转型和升级的压力。因此,吸引和留住人才成为实现经济发展的关键。抢夺人才,实质上就是抢占经济高质量发展的主动权;服务人才,实质上就是为区域经济的发展服务,为地方社会经济高质量发展提供服务。同时,人口老龄化加重是许多地区都面临的问题,这意味着劳动力的供给减少,生产要素驱动向创新要素驱动转变,人力资源在各地区产业升级转型、经济社会发展、提升可持续发展能力、优化创新能力等方面发挥着越来越无可替代的重要作用,成为各地区经济社会发展的重要动力。

对于不同的地区,人才优先发展政策有其自身的发展规律,既受特定历史阶段国家和地区人才发展状况的影响,也受经济、社会和文化环境因素的制约。良好的经济、社会、文化环境可以为实施人才优先发展政策提供充足的政策资源,有利于政策资源的优化组合。同时,对地方政府来说,中央政府实施人才优先发展战略和不断强调"双创"给地方政府带来了很大压力,地区之间的人才竞争也使得地方政府的人才政策越来越多。因此,由于对人才的需求和压力增加,地方政府在大力发展经济的同时,将不同程度地增加对人才优先发展和实施人才优先发展政策的投资。地方政府会根据本地区发展状况和规划来评估人才需求,从而因地制宜地制定人才政策。

目前,省级、市级、县(区)级政府根据自身的实际情况,积极制定具有特色的人才计划,实施本地化的人才政策,吸引优秀人才,推动地区经济的发展。例如北京市进一步深化首都人才发展体制机制改革,同步推动8个行业系统和16个区县编制,实施行业性、区域性人才发展规划,形成了"1+8+16"首都人才发展规划体系。另在人才国际化方面,其结合落实"千人计划",实施"海聚工程",积极开展"走出去"与"引进来"相结合的引才活动,引进优秀的外籍人才,同时推出《关于进一步鼓励海外高层次留学人才来京创业工作的意见》等人才政策,深化人才管理改革。另外,其他地方也相应陆续推出不同的政策文件和计划来应对,主要有上海市设立的"浦江人才计划"专项工程,广东省大力推进实施"珠江人才计划",福建省实施"闽江学者计划",江苏省开展"江苏双创引才计划",深圳市的"孔雀计划",苏州市的"姑苏人才计划",南京市的"321"计划,重庆市的"英才计划"等。

三、人才政策实施要点

人才作为"发展的第一资源",已成为我国转变发展方式、优化经济结构、转换增长动力的重要依托。各地方政府为提升自身经济发展的质量和效益,大力鼓励探索创新,逐步把自身地区经济增长点从招商引资向招才引智转变,地方在制定和实施政策中积极利用自身各种优势资源,切实把人才作为地区竞争的重要着力点。

但是,我国地方政府在制定"引才大战"政策过程中仍然受到很多因素的限制。首先是人才引进标准的单一性与低端化。其单一性主要体现在部分地区把"学历"作为引进人才的唯一标准,而一些商业精英、高级技工人才却因为唯一标准而无法成为引进对象,由此出现地区人才结构与当地产业结构不匹配和不平衡的现象。人才引进的低端化体现在二线、三线城市。相对于一线城市以及新一线城市各方面都存在欠缺的情况下,其主动降低人才标准,把人才争夺演变为人口争夺。同时,部分地方政府在人才竞争的过程中存在一些不理性行为:①人才的分配大多数是由地方政府决定的,而没有让市场在分配的过程中起决定性作用;②人才政策盲目跟风,在现阶段"抢人大战"的背景下,部分政府不考虑自身的财政资源以及经济发展的实际状况,盲目跟风出台各种引才政策,导致多地出现人才积压与浪费的情况;③地方利益优先思维,在各地区人才的基本数量确定时,由于地方政府短视行为,特别是利益优先思维模式将进一步加剧人才的空间分布不平衡,使发达地区与欠发达地区之间的差距进一步扩大,与当下人才政策发展方向相背离。

优化地方政府"引才大战"的实施方案,首先要建立多元化的人才评价标准,对于人才引进的门槛要严格把控,多元化的人才评价标准和严格的人才筛选门槛是建设科学的人才结构、提升人才布局合理性的前提基础。在人才评价的标准方面,破除"唯学历论",多行业、多领域广泛吸纳人才,不断提升吸纳人才与产业结构的适配性,能够真正将人才落实到基础工程与民生工程当中去,而不仅仅是成为"争名夺衔"的面子工程。在人才引进门槛方面要严格把控,严守标准底线,在考核过程中注重数量的同时更加注重质量,使地方人才引进政策真正与中央人才体制战略一致。其次是要发挥市场作用:①市场在人才配置的过程中发挥导向作用,政府要努力使市场的作用发挥出来,应减少对人才管理工作的干预和职能越位行为,让市场规则运行在人才的流动、评价当中,最大程度地实现人才资源的优化配置;②地方政府要实事求是,结合本地区实际情况制定和出台相应引才政策,对于一些盲目跟风和互相攀比的非理性行为要坚决遏制。与此同时,政府之间要努力实现人才政策的互通和共享区域之间的人才红利,使人才的灵活流动机制能够进一步的完善,确保各地区人才的可持续发展,努力构建符合社会发展规律、结构合理和布局科学的人才高地。

第三节　政策工具下的区域人才政策比较

人才资源是实现创新驱动发展的核心要素,直接统领和制约着其他资源的开发和利用,人才政策是人才资源开发的最大内生变量。从目标功能角度看,人才政策是指为实现国家或地方经济社会发展目标而制定的一系列有关人才培养、引进、使用和激励等方面的规划、措施和制度;从主体范围角度看,人才政策是指国家或地方政府为培养、引进、使用和激励各类人才而制定的一系列法律法规、规章制度和措施;从内容结构角度看,人才政策是指包括人才需求分析、人才供给规划、人才培养模式、人才引进渠道、人才使用机制、人才激励措施等方面内容的一套完整体系;从适用对象角度看,人才政策是指针对不同类型、层次、领域和行业的人才而制定的一系列差异化、分类化、个性化的法律法规、规章制度和措施。笔者认为,人才政策是指国家或地方为培养、引进、使用和激励各类人才而制定的一系列法律体系,旨在促进人才作用的发挥。

一、人才政策工具

政策工具是政策体系的构成元素,成为公共管理中一个有前景和生命力的研究方向。政策工具划分方式有很多,其中应用最广泛的是将政策工具分为供给型、环境型和需求型政策工具三类。供给型政策工具是指政府直接出手提供各种支持,扩大人才工具;环境型政策工具是指政府通过间接方式改善当地环境,从而达到吸引人才的作用;需求型政策工具的作用直接表现为拓宽人才渠道、确保人才规模和质量的持续提升,以此达到人才的可持续发展目标。在国内诸多学者借鉴这种政策工具分类方法对科技类政策、环境类政策、5G政策、产业政策、国防政策等不同领域的政策进行研究,并在使用过程中结合本国政策的特点做了相应的调整。因此笔者基于人才政策的实际情况,借鉴相关的政策工具研究成果,将人才政策工具类型进行具体细分,见表6-1。

表6-1　人才政策工具分类

政策工具	工具名称	工具内涵描述
供给型政策工具	教育培训	政府通过学历教育、技能培训、工作实践和人才荣誉制度等方式来促进人才的成长和发展
	人才信息支持	政府建立人才信息服务平台,做好信息统计收集工作,为人才提供相关信息支持和服务
	基础设施建设	政府为人才提供优质的工作环境,促使人才高效工作。以基础设施、实验室、科研基地、平台、众创空间等的建设为关键词
	人才资金投入	通过资金补贴、物质奖励、资金资助等保障人才相关科技活动顺利进行,激发人才活力
	人才公共服务	政府通过提供人才引入与培育、流动配置、选拔与评价、激励与保障等制度、措施,激发人才使用效能
环境型政策工具	目标规划	未来一定时期内,政府对引进和培育人才的规模、质量、结构、层次和布局等要实现的目标和战略方针进行总体描述和设想
	人才法规管制	政府通过制定相关地方性法规来规范人才市场行业标准,创新人才评价机制、权益保护、合同关系、知识产权保护、人才管理与开发等制度和措施,确保人才工作有序规范开展
	金融支持	以金融、贷款等为关键词,政府通过对人才提供一定的金融资助,为人才解决资金短缺问题
	税收优惠	通过提供税收方面的优惠来鼓励人才科技创新发展。以税收优惠、税收减免等为关键词
	策略型措施	为了配合人才引入与培育开发,政府制定相关辅助性政策,例如落户、社保、配偶和子女上学安置等
需求型政策工具	人才引进	政府根据当地人才市场供需情况,面向国内外有针对性地引进各类不同层次人才
	公共技术采购	以政府购买为核心词汇,政府以首购方式来达到相关科技成果推广的目的
	服务外包	政府将科技研发或创新等项目委托给人才或其所在机构完成,促进相关业务的发展
	海外交流	政府采取措施,帮助人才或其机构走出国门,加强国际人才交流与合作,拓展国际业务,提升人才的国际视野和国际竞争力

二、政策文本选择

在政策文本选择方面,我们以各地区《中长期人才发展规划纲要(2010—2020)》为分析样本,相对于其他人才政策,《中长期人才发展规划纲要(2010—2020)》更具有全面性和综合性,并且其制定都是立足于地方经济发展的实际需求,凸显地方发展特色和优势的人才政策内容为标准,因而最终的对比分析会更具有科学性和代表性。除此之外,其是同类型、同属性的纲领性文件,对比起来更具有科学性。在各地区代表城市或省份选择上,东部地区为深圳和上海,中部地区为湖南和河南,西部地区为甘肃和宁夏。

三、研究方法

内容分析法是通过对政策内容的梳理、统计,来对政策的特点、倾向性进行客观的分析,并分析政策中隐含的立场,以及政策供给者在制定政策时所持有的价值观。本书对中国东部、中部和西部的人才政策采用内容分析方法,运用政策工具来对各个地区的政策内容进行编码统计,进而发现这3个地区政策中所存在的差异。

四、政策文本编码

本文依据政策工具分类表,根据政策工具与人才需求各自具体的二级指标分类对政策文本进行分类编码,并按照"政策颁布地区—政策章节编号—政策条款编号—政策细则编号"的编码方式,对政策文本进行人工编码。6个政策颁布地区的编号分别为东部深圳(E1)、上海(E2);中部湖南(M1)、河南(M2);西部甘肃(W1)、宁夏(W2);政策章节、政策条款和政策细则编号表示该条政策在文件中的具体位置,其具体编号由其本身位置决定。通过文本梳理统计后共筛选出488条基本内容分析单元,最终形成6个样本地区的人才政策文本编码表。其中,深圳84条、上海72条、湖南84条、河南83条、甘肃80条、宁夏85条,见表6-2。

表6-2　人才政策文本编码列表(部分)

东部	《深圳市中长期人才发展规划纲要(2011—2022)》	深圳人才发展的总体目标:逐渐形成人才国际竞争比较优势,把深圳打造成为亚太地区最具创造活力、最优创造环境、最具国际氛围的人才宜居城市之一	E1-2-3-1
		优先引进一批拥有国际发明专利、掌握核心技术、国际一流的科技领军人才和学科带头人	E1-3-1-2
	《上海市中长期人才发展规划纲要(2011—2022)》	探索建立浦东国际人才创新试验区,建设一批海外人才创新创业基地,在人才构成、素质、管理服务等方面形成国际竞争比较优势,依靠人才优势推动国际大都市发展	E2-2-1-1
		建设知识产权保护体系,率先细化与知识产权保护相关的各类政策,保护人才和用人单位的创新权益	E2-2-1-5
西部	《甘肃省中长期人才发展规划纲要(2011—2022)》	围绕重点发展领域加强人才需求预测,定期发布急需紧缺人才需求目录,有针对性地做好急需紧缺人才的需求预测、重点培养	W1-2-2-4
		加强人才信息化建设,建成全省人才信息网络,建立人才信息数据库,形成社会化、开放式的人才资源信息共享系统	W1-5-5-1
	《宁夏回族自治区中长期人才发展规划纲要(2011—2022)》	制定科技人员在企业与科研院所、高等院校之间双向兼职、项目合作等灵活多样的人才流动政策	W2-2-2-14
		为来宁创业、工作的专业技术人才提供身份确认、就业推荐、企业注册、人事代理、配偶就业、子女入学等一站式便捷服务	W2-2-3-10
中部	《湖南省中长期人才发展规划纲要(2011—2022)》	深化科技体制改革,完善权责明确、评价科学、创新引导的科技管理制度	M1-3-1-5
		加大对基础研究、前沿技术研究、社会公益类科研机构的投入力度,对高水平创新团队给予长期稳定支持	M1-3-1-7
	《河南省中长期人才发展规划纲要(2011—2022)》	完善公开选拔、竞争上岗制度,探索公推公选、联合公选等选拔方式,促进竞争性选拔干部工作制度化、科学化	M2-3-3-1
		建立政府宏观调控、市场主体公平竞争、中介组织提供服务、人才自主择业的人才流动配置机制	M2-3-4-3

五、区域人才战略定位比较

习近平总书记在党的二十大报告中指出,促进区域协调发展,深入实施区域协调发展战略、区域重大战略、主体功能区战略、新型城镇化战略,优化重大生产力布局,构建优势互补、高质量发展的区域经济布局和国土空间体系。推动西部大开发形成新格局,推动东北全面振兴取得新突破,促进中部地区加快崛起,鼓励东部地区加快推进现代化。

东部过去在定调区域发展战略时,与东部地区相对应的是"率先发展"。这一次,从"率先发展"变成"鼓励加快推进现代化"。所谓"现代化",在2035 远景目标中有详细描述,主要包括进入创新型国家前列、建成现代化经济体系、实现治理能力现代化、对外开放新格局、国防和军队现代化等方面。鼓励东部地区加快推进现代化,应该指的是东部地区在科技、经济、治理能力等方面率先达到现代化水平。这无疑是更高的定位。东部地区本就是中国经济增长极所在,也是中国区域经济最为发达的区域,万亿 GDP 城市云集,先进制造业集聚,发展水平远远领先于中西部和东北地区。

中部地区正在崛起,未来需要的是"加快崛起"。在区域发展方面,中部地区有如下发展优势:①产业转移机遇。中部地区多是人口大省,仍旧拥有人口红利。沿海地区正在进行产业转移,中部地区是主要承接区域之一。其中最具代表性当属富士康落地郑州。富士康带动了郑州的电子信息产业和进出口规模,对于城市发展的作用不容小觑。②人口回流。过去是"孔雀东南飞",如今随着产业转移和中部城市崛起,人口开始从东部向中西部地区回流。安徽常住人口已经连续多年正增长,河南、湖北虽然还在净流出,但流出规模越来越小。③做大做强中心城市。中部地区多数都拥有相对强大的中心城市,这些城市正在成为区域经济的新增长极,无论在对国家重大战略的争取上,还是对重要产业的争夺上,均拥有一定优势。

西部地区社会和经济的发展离不开人才,人才的引进能帮助他们实现经济的大步跨越。要想引进人才,就得先弥补自己的不足,改变自身的现状,消除人才任用的壁垒,改善自身的基础设施,降低人才引进标准、扩大人才引进范围,同时需要营造一个能够引进人才、留住人才的工作环境。把深入实施西部大开发战略放在优先位置,更好发挥"一带一路"建设对西部大开发的带动作用。加快内外联通通道和区域性枢纽建设,进一步提高基础设施水平,明显改善落后边远地区对外通行条件。大力发展绿色农产品加工、文化旅游等特色优势产业。设立一批国家级产业转移示范区,发展产业集群。打造具有全国影响力的重要经济中心、科技创新中心、改革开放新高地、高品质生活宜居地。

六、东、中、西部地区人才政策比较

通过政策工具类型总体结构的比较发现,东、中、西部地区政策工具的选择偏好存在一个共同点:供给型人才政策都占据主要地位。但也都存在显著差异:东部发达地区的工具结构相对合理,供给型人才政策总占比相对中西部而言较低,深圳和上海分别占比45.2%和45.8%,而其需求型政策相对于中西部地区较高,分别达到21%和18%,其注重以需求型政策和环境型政策工具来营造长期以市场为导向的人才政策环境;中部地区次之,湖南和河南供给型政策分别占比57.1%和56.6%,需求型政策占比为13.1%和13.3%;而西部欠发达地区对供给型政策工具依赖程度较高,甘肃和宁夏占比分别达到68.75%和70.24%,而其需求型政策基本可以忽略不计,分别为5.0%和5.9%,说明西部地区基于自身经济发展、地域环境、人才存量和结构等处于弱势,侧重以供给型政策工具来提高引才效率。

(一)供给型人才政策比较

从总体上来看(图6-3),西部与中部地区人才政策以供给型政策工具为主导,宁夏、甘肃、河南、湖南总占比很高,而东部地区虽仍以供给型政策工具为主,但占比并不突出。从内部结构来看,中部和西部地区相对于东部而言,其在教育培训方面重视程度比较高,平均都是达到了38.75%,主要原因可能为东部地区相对发达,经济实力和城市发展水平较高,因此更容易吸引和留住高级人才,这些地区的大城市拥有更多的优质教育资源、高科技产业和创新环境,吸引了大量的高级人才来此发展。由于人才资源较为集中,这些地区可能在人才培育层面上相对较少投入,更多地侧重于人才的引进和吸纳。而西部地区与之情况恰好相反,在高级人才引进方面较为困难,因此更多侧重于利用国家的优惠政策,进行本地区的人才培养。其次在人才信息支持层面,西部地区(其中甘肃占比5.5%,宁夏占比3.4%)比中部地区(其中湖南占比6.3%,河南占比6.4%)已显劣势,与东部地区(其中深圳占比10.6%,上海占比9.1%)的差距更是难以弥补。特别是在大数据大有可为的今天,数据无疑是人才强国和人才强省的重要着力点,也必然是人才工作重要决策判断的关键指标。最后差别比较明显的基础设施建设方面,无论是东部发达地区的深圳(占比18.4%)和上海(占比18.2%)还是中部地区的湖南(占比16.7%)与河南(占比19.2%)都体现出对基础设施建设的重视,这一点比较突出的就是人才住房方面,而地处西部的宁夏(占比10.9%)与甘肃(占比13.6%)对此的重视程度还很低,这将让本就难以与东、中部竞争的西部地区日后更难留住人才。中国东部地区的大城市如北京、上海、广州等人口密集,具有庞大的人口规模。这些地区的人口数量多,人口密度高,为基础设施建设提供了相对稳定和广阔的市场需求。相比之下,中国西部地区的城市人口规模相对较小,人口密度较低。这使得西部地区在基础设施建设方面面临的市场需求相对较少。

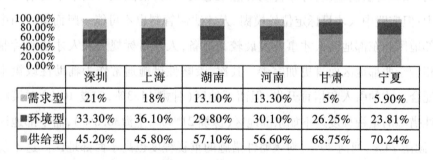

	深圳	上海	湖南	河南	甘肃	宁夏
需求型	21%	18%	13.10%	13.30%	5%	5.90%
环境型	33.30%	36.10%	29.80%	30.10%	26.25%	23.81%
供给型	45.20%	45.80%	57.10%	56.60%	68.75%	70.24%

图6-3　政策工具类型的总体结构对比图

　　总的来说,中部和东部地区相对发达,经济实力和城市发展水平较高,因此更容易吸引和留住高级人才。这些地区的大城市拥有更多的优质教育资源、高科技产业和创新环境,吸引了大量的高级人才前往发展。由于人才资源较为集中,这些地区可能在人才培育层面上相对较少投入,更多侧重于人才的引进和吸纳。而西部地区与之情况恰好相反,在高级人才引进方面较为困难,因此更多侧重于利用国家的优惠政策,进行本地区的人才培养。

(二)环境型人才政策比较

环境型政策工具是指政府通过人才目标规划、人才法规管制、财务金融、税收优惠和策略性措施等方式,营造良好的人才吸纳、培育、成长和发展的生态环境,更好实现人才自我价值和人才强省的目标。作为以政府为主体的工具,环境型政策并不以自身直接推动人才事业发展,而是作为一种间接的外部影响因素在人才事业,包括在人才引进、人才培养、人才发展中起着不可或缺的作用。环境型政策工具将内在的市场规律外化为人才政策,为人才在本区域内的稳定发展、创新创业活动提供稳定支持,也是对人才事业的规范化提供坚实的保障。

根据统计数据显示,在人才目标规划的应用比例(人才目标规划和人才法制管制)方面,总体呈现出来的趋势是西部地区(甘肃33.4%,宁夏45%)高于中部地区(湖南20%,河南44%),西部地区和中部地区又均高于东部地区(深圳39.2%,上海7.7%)。这表明西部欠发达地区人才事业发展比较滞后,人才短缺问题极为突出,迫切需要人才目标规划来实现人才战略布局,以强化法制建设,打破传统思想观念的束缚,消除人事改革中的诸多阻力;但实践中人才目标定位较模糊,人才法制管制也不可能一蹴而就。而中部地区和东部地区人才事业发展较为完备,人才目标规划和人才法制管制相较于西部地区而言更加完善。其次,策略性措施通常作为辅助性政策来配合人才的引入和培育开发,但西部地区(甘肃14.3%,宁夏10%)对策略性措施的重视程度远不如东部地区(深圳21.4%,上海30.8%),而中部地区(湖南24%,河南20%)对策略性措施的重视程度也高于西部地区。这不仅折射出西部地区对于人才个性化需求的满足缺乏灵活、全面、深刻的认识,而且政策条款也多为倡导性措施,人才引进后的政策收益缺乏获得感,弱化了地区对人才的吸引力。与之相比,东部和中部地区积极营造良好的策略性环境,提高城市整体对于人才的吸引力,为吸引不同层次、不同领域的个性化人才提供了极大助力。

(三)需求型人才政策比较

需求型政策工具在作用上表现为直接拉动本地人才事业的发展,确保人才规模和质量的持续提升,但西部欠发达地区需求型政策工具的拉动力较疲软,而深圳和上海为优化人才战略布局,提升人才队伍的国际竞争力,比较重视强化需求型政策工具的拉动力。中部地区基于其自身经济发展需要,积极向东部地区靠拢。从内部结构来看,甘肃和宁夏基于自身人才(尤其是高层次)稀缺劣势,将着力点放在人才引进措施上,侧重以吸纳外部人才来壮大人才规模,优化人才结构,其占比分别达75%和66.7%,而在海外交流方面相对占比比较低,分别为25%和28.6%。而中部地区基于自身的经济发展水平、地理位置以及教育资源相对于东部地区落后的现实情况下,其在海外交流方面平均占到40.9%,低于东部的平均占比51.9%。深圳和上海则立足人才存量优势,将着力点聚焦于人才的海外交流(深圳50%,上海53.8%),并辅以面向海外一流人才的引进措施(深圳38.9%,上海38.5%),侧重吸引和培育世界一流的高端人才队伍,如深圳建有专门的"高交会""文博会""国际人才交流大会"等国家级国际性会议平台,上海要建成"国际人才高地""世界创新创业最活跃的地区"。

综上所述,东、中、西部地区的经济发展水平、人才存量与需求、发展定位等不同,其政策工具拉力的着力点完全不同,同时其在各政策工具的内部结构分布也存在较大差异。

【案例与讨论】

安徽聚力"4个链条"驱动人才工作创新

近年来,安徽省着眼下好创新"先手棋",加快打造"人才高地",通过深化体制机制改革、创优政策环境、创新工作方法,逐步构建起"平台+政策+服务+责任"的驱动模式,推动人才工作水平不断迈上新台阶。

一、着眼创优发展环境搭建"平台链"

人才集聚离不开优质的平台载体,安徽始终坚持把握人才发展规律,结合不同层次、不同时期、不同行业人才的个性化需求,量身打造一条"高端科研平台—产业创新平台—创业服务平台—产学研协同创新平台"的平台链条。

高端科研平台既是科技创新的强力引擎,也是引进高层次人才的强大磁场。近年来,安徽强力推进"五个一"创新主平台和"一室一中心"分平台建设,吸引了一大批高层次人才和团队在安徽创新创业。2019 年,7 名高层次人才当选"两院"院士,创历史之最。与此同时,安徽还注重发挥高端科研平台人才培养作用,通过强化高校"双一流"建设,合作搭建大院大所,不断夯实人才培养基础。

随着传统"铜墙铁壁"产业向"芯屏器合""大智移云""集中生智"等战略性新兴产业升级,产业创新平台日益成为科技成果转化的重要"催化剂"。为了最大限度地促进创新和转化,安徽通过部署建设一批战略性新兴产业基地、高科技园区和市县开发园区,支持企业建设重点实验室、工程研究中心等,让科技创新和产业发展相互融合、相互促进,省里连续多年实施"115"产业创新团队支持计划,在安徽省战略性新兴产业领域部署建立 400 余支人才团队,带动各地建立 2000 多个团队,让产业创新平台成为高层次人才的"温室大棚"。

厚积才能薄发,基础人才的培养是积蓄创新发展动能的关键燃料。安徽根据人才成长初期的紧迫需求,加强创业服务和产学研合作。一方面,不断加大众创空间、科技企业孵化器和加速器等创新创业服务载体建设,形成了"中科院合肥物质科学研究院等国家双创示范基地+200 家孵化器+300 余家众创空间"的创业服务平台,在孵企业总数接近 8000 家,年均毕业企业数量逐年提升;另一方面,鼓励发展产学研协同创新平台,在解决部分企业研发机构层次不高、高端研发人员少、研发成果转化不足等问题的同时,吸引一大批优秀高校毕业生在安徽扎根。

二、着眼体制机制改革创新"政策链"

良好的人才发展环境是一笔巨大的无形资产,对内产生凝聚力、创造力和推动力,对外产生影响力、竞争力和吸引力。在营造人才发展环境的过程中,人才政策体系的地位举足轻重。安徽坚持实施更加积极、更加开放、更加有效人才政策,既注重顶层设计,也注重夯实基础,着力打造涉及人才管理、培养、引进、评价、流动、激励等人才发展各环节的政策链条。

"作为第一批享受老区人才政策的扶贫人员,我很荣幸",来自六安市的郑家林拿着崭新的高级职称证书非常激动。去年安徽着眼打赢脱贫攻坚收官战，结合省情实际，专门研究制定了12条富有"含金量"的举措，激发了广大人才到老区一线贡献才智的动力。"人才政策必须服务经济社会发展需要"，这是安徽多年来制定人才政策的重要原则。近年来，围绕国家发展战略部署，聚焦长三角一体化、脱贫攻坚、科学中心建设等方面，研究长三角人才融合发展新思路，安徽出台了"科学中心人才工作10条"等一系列政策举措，最大限度发挥人才政策的导向作用、推动作用和保障作用。

同样享受到职称政策"红利"的还有来自安徽申通快递有限公司的王丽娟，作为全国首批快递专业初级人才，她认为这既是待遇，更是荣誉。激发广大人才的创新创业活力，既要积极向用人主体放权，也要想方设法为人才松绑，安徽围绕深化人才发展体制机制改革，专门制定出台"安徽人才30条"，创新实施新时代"江淮英才计划"，通过平台聚才、政策引才、资助育才、创新用才、服务养才五大工程，促进了安徽省人才工作提档升级，形成了"编制周转池"、高级职称"八免"政策等多个"安徽品牌"。

在抓好全省政策顶层设计的同时，安徽坚持把部门配套支持和地市自主创新作为抓整体工作质量提升的重要抓手，每年形成涵盖省级层面、职能部门和各地特色工作的100项具体任务，挂账销号、有序推进，结合工作总结经验抓亮点，按照人才工作"一部一策""一市一品"思路培育"特色品牌"，先后推出一大批人才强市、强县、强校、强院、强企"五强"典型。

三、着眼安心安身安业完善"服务链"

在合肥国际人才城人才"一站通"服务窗口，海外回国的各类高层次人才仅需要提供身份证明、本市参保纳税证明、学历学位证明以及聘用合同等材料，就可一次性办理人才分类认定、外国人来华工作许可证办理、重点人才项目申报等事项，并且领取人才政策指南，详细了解可以享受的支持政策。

激发人才创新创造活力，在加强政策激励的同时更要注重在服务体系建设上下功夫，解除人才的后顾之忧，让他们安心、安身、安业。为此，安徽不断优化人才服务体系，通过加大政府购买人才服务力度，逐步建立覆盖人才"户籍签证、住房就医、配偶就业、子女教育、项目申报、创业辅导"等人才工作生活各方面的完整链条，为人才提供更加精准、高效的服务。

　　为了让各类人才第一时间掌握省内人才政策动态,省里定期印发人才政策"一册通",将最新人才政策"干货"定期进行打包发布,人才通过扫描二维码不仅可以查询具体政策条款,还能直接看到责任单位以及具体联系人。各地通过建立高层次人才"服务专员"制度,开通"人才专线",主动靠前为人才提供"店小二"式服务。针对外籍高层次人才,还专门制作发放"江淮优才卡",人才凭卡可以享受出入境手续办理、商事金融、住房教育、社保医疗等13项便捷服务。2020年12月1日,合肥市重点产业企业人才安居平台上线,重点产业企业和各类人才仅需花10分钟在线填写资料,即可完成免费租房、租房补贴、购房补贴等申请,实现了"数据跑路"替代"人才跑腿",服务效率显著提升。

　　时代在发展,服务在进步。安徽还通过推进高层次人才信用体系建设,打造出一批深受人才欢迎的"投、贷、担"等特色金融产品。疫情防控期间,专门推出"皖江英才抗疫贷"专属融资服务,精准助力高层次人才及抗"疫"企业、科研机构全力投入研发生产,企业或科研单位最高可申请10年3000万元贷款,并享受3年还息不还本的优惠政策,全省140余家高层次人才企业累计获贷超过8.6亿元。各地也纷纷出台惠企政策,鼓励返乡人才就地回流,保障人才稳岗就业,同时立即启动市级人才支持工程,及时兑现支持政策,缓解企业资金困难,帮助企业走出"寒冬"。

四、着眼切实发挥作用打造"责任链"

　　"受疫情影响,培训班的举办地点从上海调整到了合肥进行,目前已全部完成",年底将近,各市组织人事部门和省人才工作领导小组的成员单位通过人才工作平台,逐条逐项填写重点工作任务完成情况清单,年初确定的100项具体任务事事有人抓、件件有落实,每一项任务都是一个完整的回路。

　　凌空蹈虚,难成千秋之业,落实抓不好,再好的政策也会成为一纸空谈。为了更大力度释放各类人才政策"红利",激发广大人才创新创业,安徽在创新政策体系的同时,更加注重在构建良好的工作运行机制上下功夫。省人才工作领导小组根据形势任务需要及时充实工作力量,专门制定领导小组工作规则、成员单位职责和办公室工作细则,同时将重点人才政策细化分解形成具体条款,单项任务落实责任到相关部门的具体处室,定期通过督查调度予以项目化推进,以抓工作落实为载体,着力打造组织部门牵头抓总、职能部门责任清晰、各部门各司其职密切配合、有效推进人才工作落实的责任链条。

"要从省际和市际两个层面推动人才工作合作交流""依托 G60 科创走廊与长三角先发地区的多个地市建立了合作渠道,取得了良好效果",在2020 年全省领导干部学习贯彻习近平总书记考察安徽和在合肥主持召开扎实推进长三角一体化发展座谈会重要讲话精神专题研讨班上,来自省直各部门和各市的党政负责同志围绕长三角地区人才合作交流展开讨论。

坚持让"一把手"亲自抓"第一资源"是安徽人才工作的宝贵经验之一,安徽将人才工作新部署新要求纳入党委(党组)负责同志教育培训重要内容,把学习总书记关于人才工作的重要论述作为党校主体班次的必修课程,定期编发"一把手"抓"第一资源"情况简报,同时还在全省年度综合考核中设置人才工作专项指标。在此基础上,每年区分不同主题组织开展人才工作者培训班,通过安排专家授课、邀请先发地区人才工作者传授经验、实地调研学习等方式,有效提升全省人才工作者的专业素养。

(来源:《中国人才》杂志 2021 年第 9 期)

思考与讨论

(1)谈谈对让"一把手"亲自抓"第一资源"的理解和作用。

(2)为驱动人才创新,还有哪些好的做法?

第七章

人才战略管理的国际比较

【案例导入】

人才作为全球化时代知识资本流动的载体,对促进科技创新和社会进步具有重要作用。随着创新资源加速在全球配置,发达国家纷纷制定了符合自身战略需要、反映本国资源优势的人才引进政策体系,通过积极引入全球优秀人才来保持领先优势。随着大国战略竞争的持续深化,我国吸引海外高端人才的国际形势更加严峻复杂,海外引才的战略、结构、方式及服务都亟待调整,使人才"引得进、用得好、流得动、待得住",为我国高质量发展提供有力的智力支撑。

一、发达国家精准引才的政策调整加剧了全球人才竞争

高层次人才吸引政策已经不仅事关国内高质量发展,更是出于满足国际竞争的战略需求。当前,发达国家纷纷摒弃自由主义的技术移民政策体系,推出民族主义的技术移民政策,以"精准化"引才聚焦新兴科技领域紧缺急需的各类人才,预示着面向新一轮科技革命的人才大争夺真正具有了全球性的意义。

(一)建立外国人才库和人才甄别机制,主动搜索与甄别高技术移民

新西兰、澳大利亚、加拿大分别于 2004 年、2012 年、2015 年开始启用一种集人才库和移民管理为一体的创新型人才政策工具——意向书系统。外国人才通过意向书系统提出申请后,根据技术摘选标准,意向书系统为空缺

职位提供最佳候选人名单。该系统能够满足更加有效甄别外国人才和加强技能匹配的需求,为用人单位提供包括搜索人才档案、联系人才候选人、提供资助等服务,引导用人单位按需合理引进高技术人才。美国则会从国家科学基金会各类奖励中选择获奖的外国中青年科研人员,主动为其办理"绿卡"或入籍手续。据了解,每年有14%～20%的获奖者是外籍青年科学家,他们大多被美国留用。

（二）发布职业分类列表,划分技能优先等级,促进以社会需求为导向的精准引才

2019年5月,美国白宫发布的全新移民政策框架,终结了绿卡抽签政策,根据社会发展需求设立了"积分择优制",将职业移民录取比例从12%提高到57%。2017年,加拿大启动了基于全球人才流动计划的职业分类列表策略,移民局按照职业类别对超过3万个职业进行分类,并对每个职业都有具体描述,如该类职业的基本情况、主要职责、雇佣要求、就业调查等信息,促进以社会需求为导向,精准引进外国优秀人才。美国也对移民签证签发对象的职业技能划分了五个优先等级,不同优先等级有不同的优惠政策和配额限制。英国政府则将人才的选择标准下放到英国著名大公司和研究机构,使其获得自主签发工作许可证的特殊权利,而不再需要对这些人才强加具有硕士及以上文凭的限制。

（三）优先考虑国家发展的战略需求,打造人才引进直通车

近年来,随着大国战略竞争的加剧,美国EB2-NIW（国家利益豁免）异军突起,成为美国技术移民的制高点。美国政府基于国家利益考虑,对那些在专业领域有实质性价值和国家战略意义的海外人才,豁免他们的永久性工作承诺要求及劳工证申请,使他们可以直接申请获得绿卡。

（四）简化人才引入程序,鼓励人才流动与创业

2020年1月,英国发布了全球人才签证政策,以吸引世界上最顶尖的科学家、数学家、研究人员、技术人才来英定居。申请者不需要提供工作offer,申请程序也更加便利快速。即便是在疫情严重的2020年10月份,申请英国科技签证的人数仍然创造了历史新高。此外,美国也将移民政策拓展到移民创业者,可以按"国家利益豁免"政策自行直接申请绿卡。欧盟则通过蓝

卡政策(一种工作和居留许可证,有效期为两年)惠及欧盟 27 个国家,持卡人在整个欧盟地区拥有当地公民的同等权利,且可以在欧盟国家内自由流动、居住、工作和创业。

(五)实施人才引进专项计划,构建系统化的海外人才资助体系

韩国实施并资助了"21 世纪智慧韩国工程""全球奖学金计划""世界一流大学计划""世界一流研究中心计划"等人才引进的专项计划,并为国外高级科技人才提供"黄金卡"和"科技卡",为来韩国工作的外国高科技人才提供特殊签证。日本学术振兴会与德国洪堡基金会都是负责其本国海外人才资助计划的管理机构,具有较好的代表性:一方面,日本和德国通过专门机构对各类海外人才资助项目进行系统化管理,有助于根据国内人才需求动态调整海外人才资助的投入结构;另一方面,对财政科研经费可以统筹分配,更大限度地避免了创新资源的重复配置和碎片化使用。

二、精准引进海外高端人才的政策建议

基于我国在国际人才流动方面所面临的严峻形势,高层次人才引进应作为国家战略的重要组成部分,而非单一的政策工具。概括来说,从两个方面做出战略性调整:一是从依托特殊人才政策大张旗鼓地引进,变为通过加强国际合作交流和国内人才制度环境建设进行柔性引入,减少高层次人才引进中的阻碍;二是推动人才引进实现从传统的特殊政策倾斜,向通过打造创新环境、为人才提供全链条的安全与发展保障服务转变。

(一)"引得进":加快形成以供给创造需求、需求牵引供给的海外高层次人才供需动态平衡

(1)在供给端解决海外高端人才有谁的问题,有的放矢吸引人才。以全球相关领域"高被引科学家""获奖科学家""关键领域专利科学家"等名单为基础,绘制全球高层次人才地图。建立国际化职业社交平台,建设全球高精尖缺人才联系库,进一步争取在全球人才竞争中的主动权。

(2)在需求端解决需要引进谁的问题,聚焦企业需求招揽海外科技人才。构建中央、地方、企业之间层次合理的海外人才计划体系和统筹协调的治理体系,建立引进人才的职业清单制度,划分引进优先级。探索订单式合作方式,将具体某项技术涉及的人和团队进行分解,在海外专家人才库中搜

索相应人才与相关机构,为精准引进人才提供翔实可查的决策支撑。

（3）坚持"引进来"和"走出去"相结合,削弱美国人才政策的不利影响。拓展与深化与"创新大国"和"关键小国"的国际科创合作,加快布局建设一批"一带一路"联合实验室,创造高端人才引进的条件。实施国家自然科学基金外国学者研究项目,打造面向短期来华全时工作外籍科研人员的人才资助计划。支持我国企业在境外设立研发中心、分支机构、孵化 TALENTS 人才,就地吸引和使用人才。

（二）"用得好":提升用人单位自主权,探索鼓励海外人才来华投资创业新模式

（1）充分发挥用人单位在选才、用才方面的主体作用。海外人才施展才华的舞台在用人单位,因此要充分落实用人单位人事管理、收入分配、科研经费管理、科技成果转化收益处置等自主权限,鼓励用人单位将人才使用和人才培养相结合,尤其是注重配置功能全面的安置型津贴,帮助海外人才尽快融入国内工作环境。

（2）建设一批外国人才科技创新载体,激发海外人才创新创业活力。依托国家重大科技工程和重大创新基地聚集全球高端人才团队,打造重点领域明星团队。建立创新园区,设立中外科技创新中心,成立"引智孵化基金",为国际项目及人才团队的引入和落地提供孵化、对接等一站式服务,推动重点项目、基地、人才、资金一体化配置,用于外国人才股权激励、荣誉奖励、科创载体建设、科研启动和补助、外国专家引智活动开展等,全力打造外国人才聚集高地。

（三）"流得动":促进高层次人才职称和资历国内外互认,畅通人才流动双循环

（1）进一步营造有利于海外高层次人才合理流动的环境氛围。进一步深化职称制度改革,促进职称在国内外互认,完善评价标准,引入第三方评价机构。针对专业技术领域,制定工作许可证跨区互认实施方案,建立高端人才工作许可互认和服务制度,倡导在工作转聘中免交工作资历证明,进一步消除高端人才在跨区流动中的障碍。

（2）畅通国际科技组织和高端人才落地中国的制度渠道。支持学术组

织发展外籍会员,提高大学和研究机构的外籍聘用人员占比,探索双重国籍制度,通过吸引外国人来华留学、访学、技术培训等方式,择优留用发展中及落后国家有潜力的优秀青年科技人才。建设国际科技组织总部基地和综合服务园区,逐步完善与国际接轨的服务体系和管理制度。落实《中华人民共和国境外非政府组织境内活动管理法》,研究制定实施细则,突出分类引导,对国际组织或者跨国企业的落地申报、审核、注册、退出机制等作出明确规定。

(四)"留得住":围绕海外"人才链"构建"服务链",进一步完善海外人才薪酬奖励制度

(1)探索方便快捷的人才服务模式,解决海外人才办事难的问题。提供"一窗式办理"服务:将分别属于科技部、公安部出入境管理局的海外人才来华工作、居住等不同服务窗口合并,整合集成各部门的政策信息和办理要求,实现外国人才来华业务的全覆盖。提供"一站式审批"服务:实行一张表格的一站式审批,缩短工作许可和工作居留许可办理时限,允许获得中国永久居留权的高层次海外人才延缴养老保险,为海外高端人才及其家属提供与国际接轨的医疗、教育和社保服务。启动"一卡通"服务:发放确实管用的"海外高层次人才绿卡",可凭卡在出入境、就医、金融服务等方面享受绿色通道。

(2)完善海外人才薪酬奖励制度,充分调动海外人才工作积极性。完善海外人才表彰奖励制度,推动建立荣誉奖励、成果奖励等分层次多样化表彰体系。对海外高端人才及其科研团队实行工资总额单列,支持用人单位采用市场化手段为海外人才提供在国际市场上具有竞争力的薪酬收入,并实施股权和分红激励等中长期激励政策,赋予海外高端人才更大自主权,给予更大容错空间,帮助解除后顾之忧。

(来源:中国科学技术发展战略研究院引进海外高端人才的战略思考与建议,www.casted. org. cn)

第一节 人才战略的国际经验比较

"现代管理学"之父彼得·德鲁克曾指出:从竞争这个方面来看,人力资源的数量、质量与产出在未来竞争中将起到决定性作用。首次比较全面地揭示了人力资源在经济发展战略中的重要地位。随着经济全球化的发展和外部竞争的日益加剧,各国所面临的国际竞争压力越来越大,对人力资源这一特有资源的期望也越来越高,并逐渐将人力资源的开发和管理视作国际竞争的核心竞争力。目前,从人力资源管理到人才管理,再到战略性人才管理,再到国际化的人才战略管理,是人力资源国际化发展的一个趋势。由于战略性的人才管理在实践中需要考虑的因素越来越多,管理手段及方法也越来越复杂,因此,要真正做到国际化的战略性人才管理是非常不容易的事情。对于世界各国来说,国际化的战略性人才管理能够为本国在全球竞争中带来明显的人才竞争优势,因此,建立并成功实施国际化的战略性人才管理体系,虽然道路困难且艰辛,但无疑也是提高发展效率、获取竞争优势的最佳选择之一。

一、美国的人才战略特点

美国是当今世界上最强大的国家之一,国土辽阔,资源丰富。然而,真正让它富有、不断革新、永续发展的主要原因,是它的政治经济体制和国际化的人才策略。人才培养工作一直受到美国政府的高度重视,美国无论是在专利申请数量、高科技成果数量、诺贝尔奖获得者数量、研发人员数量、博士学位授予机构还是每年授予博士学位数量、高等学校和科研机构数量都在世界处于领先地位。美国作为一个国际上的大国,它把发展教育和培养人才摆在了关乎国家安全的战略位置,并把加强科学、技术、工程和数学基础教育视为美国人才战略的重要支柱,从而使美国不断发展成为人才强国。美国的人才战略有开放、务实、阶段性、包容性、整体性和与时俱进等特点。尽管受到政治、民族文化和意识形态等因素的影响,美国的人才政策经历了曲折与不足，但从总体上来说，在政治领袖的领导下，美国的人才政策屡屡克服来自不同方面的阻力和干扰，保持了一种具有包容性和开放性的人才氛围，谨慎地保障了本国的创新和核心能力，从而使可持续的国家创新成为可能。

美国政府长期以来推行的人才引进战略，是使美国的经济能够在半个多世纪一直处于世界的领先地位的重要原因。第二次世界大战以来，美国采用不同方法将全球一大批高级科技人才吸引到美国，这些人才所做的贡献和所带来的经济利益，使美国成为世界科技发展的领先者。美国当时的总统罗斯福在第二次世界大战结束前询问科技局长："战争结束以后，我们要做什么？"这位科技局长提交了《科学技术——无止境的边疆》的报告，这份报告指出，科技可以改变国家的整体实力，要迅速改变美国落后于欧洲的现状，需要发动一场对战败国顶尖科学家进行"明抢"的战争。"二战"结束后，苏联把工业作为国家发展的重点，抢运德国成千上万的机器、设备，而美国则用很多手段，派出数千名科技专家到德国、意大利等欧洲国家抢占 2000 余名科学家来到美国，其中火箭专家就有 120 名。历史上这两个大国的命运之所以不同，也是因为他们对未来发展最为重要的资源持有不同的观点。

"二战"之前，获得诺贝尔奖的德国科学家总数是美国的 3 倍。但半个世纪后的今天，美国有全球自然科学领域 40% 的诺贝尔奖得主，聘用了超过 70% 的诺贝尔奖得主，在美国工作的全世界顶尖科学家达到 62%。20 世纪 50 年代开始，美国多次修改移民法来招纳人才，对来自世界各地的人，不论国籍、资历和年龄，只要具有美国需要的一技之长都可优先入籍。为解决科学家和工程师人才缺少的问题，1990 年，美国决定扩大移民法中的技术工种特惠制，每年的移民人数迅速增加。2000 年，美国政府再次调整了 H-1B 工作签证和工作移民政策。2008 年 4 月，美国国土安全部将科技、理科和工程类 F-1 签证学生毕业后的实习期由 12 个月延长至 29 个月，2023 年美国再一次对工作签证政策进行相关调整。通过实施这些政策，大批留学生学成后决定定居美国。进入 21 世纪后，选择到美国留学的学生人数不断增加，根据美国《门户开放报告》显示，2012 年以来在美国际学生总人数达 80 万人左右，其中中国国际学生人数达 20 万人，中国是美国国际学生最大生源国。大部分的留学生毕业后都会选择留在美国工作,这对我们国家来说,无疑是一个巨大的损失。

美国高科技人才非常紧缺的问题由于外国科技人才的不断涌入而得到很好解决,美国为外国人才提供了非常好的科研条件、更加充足的就业机会、不断提高的教学水平和相对自由的社会环境,吸引了大量的人才留在美国。一些机构不仅帮助留学生解决学费方面的困扰,还帮助他们找工作,为他们解决日常生活中的问题。美国政府设有专项基金来实施争夺人才的青苗计划,专门用于招纳和培育此类人才。近年来,美国在我国设立的科研机构不断增加,采取多项措施来吸引我国的高科技人才、创新人才,这无意中进一步加剧了我国的人才流失。微软公司是其中比较有代表性的,在其他国设立科研机构,直接招聘所在国的专业人才,这个人才招聘机构由 200 多人组成,分布在全球各地,每年都会前往各大知名的大学进行人才招聘工作。微软在西雅图的总部就有 100 多名清华大学毕业的研究生,比尔·盖茨每次来中国都要到清华和上海交大等高校与学生进行座谈,挑选优秀的人才。1997 年,一些留学生因为亚洲爆发金融危机,在美国的学习和生活都受到了直接的影响,华盛顿大学商学院有一半学生来自亚洲,学院拿出了 25 万美元用于垫付亚洲学生延付的学费。美国的官方、学校和非营利机构及时采取措施,想方设法去留住人才。人才工作中非常重要的一点在于"人才"是人,作为比较有特别价值的"人",这个特别价值的实现需要有不受到时空、体制机制制约的"特定的条件和环境"。在极具复杂的社会体系中,使每个人才充分发挥其才能和价值,这是一个很大的挑战。

国家的发展是一个巨大的体系,所处的阶段不同、所在的领域不同,对人才的需求也不同。对于知识丰富、技能高超的优秀人才,如果没有进行有效的管理,就会有很大的损失。要通过对人才进行综合管理来使人才的作用能够更好地发挥出来,通过管理、鼓励、培育、指引、包容、提供有利的条件并帮助人才成功。对于一些比较特殊的行业,要给予更多的支持。因此,国家人才政策的核心应当有目标、有发展平台、敢于冒险、提供有利条件、有所培养、提供帮助和支持、有激励措施、有制度保障以及有测评条件。美国政府的人才战略覆盖面比较广,既包含宏观层面的人才发展规划、建构政策体系、完善市场机制和提供发展的条件,也包括微观层面的人才招纳、培育等。其中比较具有特色的主要有以下三个方面。

1. 人才立国的战略定位使人才优先发展理念深入人心

起步比较晚的工业化建设和现代化发展使美国在独立后始终把人才的开发和利用作为国家发展的首要战略。早在 1950 年,美国学者舒尔茨就提出人力资本理论,开创了人力资源学说,使美国成为全球最早确立"人力资源是第一资源"的国家,并率先建立了独立于联邦政府的国家科学基金会,作为人才强国战略的专门实施机构。美国前总统小布什曾在国情咨文中说过:"美国在世界上的最大优势就是总是有受过良好教育、勤劳工作且富有雄心的人民,为了保持美国的竞争力,首先必须继续在优秀人才和创造力上引领世界。"美国在人才战略上的定位非常高,带来了丰硕的人才建设成果,获得诺贝尔奖的美籍科学家就占 40% 以上。

(1)不断修订移民法。美国从 20 个世纪 50 年代就开始对移民法进行多次修改,1965 年制定了新移民法,每年会专门留出 2.9 万个移民名额给来自任何国家的高级专门人才,这为吸引外国优秀人才打下了坚实的基础。布什总统又签署新的移民法,主要是面向投资移民和技术移民。美国 2001 年出台了《加强 21 世纪美国竞争力法》,其目的就是要吸引来自世界各国的高科技优秀人才,计划 3 年以内,每年从国外招纳 19.5 万名技术人员。这些规定,能够使那些真正有能力、对美国发展有作用的人留在美国。

(2)将留学生作为人才的后备力量。美国在"二战"后不久就实施留学生政策,通过提供奖学金的方式吸引各国学生和学者到美国学习。一些名牌大学通过提供优越丰厚的助学金、奖学金和优惠贷款来吸引国外留学生到美国读书学习,根据来自美国国家科学基金会的统计,在学成之后打算定居美国的外国留学生比例达到 25%,他们被纳入美国国家人才库;有 22% 的美国科学院的院士属于外来人士;有 35% 的美籍诺贝尔奖获得者出生在国外。

(3)"绿卡"政策为外籍人才提供便利。授予非美国籍专业工作人士在美永久居留权,俗称"绿卡",这是美国吸引人才的一项非常重要的政策。全球各地的人才可以通过申请美国杰出人才绿卡的方式在美工作居住,且该绿卡签证没有英语、教育和年龄限制,也没有日程安排。

(4)为留住人才打造优越的社会环境。吸引人才和留住人才都是很重要的,但是留住人才可能会更难。首先,通过非常具有诱惑力的高薪来吸引人才。其次,为科研活动提供充裕的科研经费。美国科研经费约占国民生产总值的 2.52%,并不断增长。最后,设立各类奖项。美国科学基金会设立了各类奖项来鼓励中青年科研人员进行科研创新、发明创造。如果是外国人获奖,美国政府会主动为其办理"绿卡"或入籍手续,劝说获奖者继续留在美国为美国作出贡献。每年的外籍青年科学家获奖比例占 14% ~ 20%,他们中的绝大多数留在美国。

此外,美国的社会福利制度、退休金制度和医疗保险制度都很完善,住房市场也很成熟,这些可对移民美国者的生活加以保障,众多外国人才移居美国的主要原因是生活水平的差距和工作机会的差距。

2. 产学研一体化的制度体系为人才与资本的结合提供制度保障

美国是产学合作的发源地,其产学研结合最为密切,其发展成效也最为明显。美国的国家科学基金会从 1973 年就开始实施大学与企业合作研究计划,支持学校与企业就彼此迫切需要的领域开展合作。通过企业、大学、科研机构之间的交流合作,实现各种要素的优化配置,使科技成果的生产走向高效规模化和低成本化,同时也提供了良好的环境使人才充分发挥自身优势。如以斯坦福大学为依托的硅谷科技园、北卡罗来纳三角科技园以及波士顿 128 号公路高新技术开发区,都是产学研一体化成功的典范。

3. 市场化导向的运行机制使人才资源配置效益最大化

美国的人才市场是全球最为发达的,美国汇集了全世界 80% 的最有实力的人才中介公司和猎头公司,有达到 2 万余家的各种类型的人才中介和介绍职业的公司。美国的人才资源是按照市场经济的规律进行配置的,用人单位和人才个体都有足够多的自由选择权,各种人才可以在全国各地自由地调动或调换工作,在不同的院校、科研机构、企业及政府之间也能频繁地流动,挑选出自己最适合、最具发展潜力的职业与岗位。相对自由的人才流动环境,不但为各领域人才提供了巨大的发展空间,也保证了美国经济体系的灵活性。

二、德国的人才战略特点

1. 德国人才战略具有鲜明的德意志特色

与德国(德意志)社会经济发展的大起大落相比,德国人才培养和发展战略一直是非常稳健和成功的。在战争不断的 1933—1945 年间,德国的教育体系和人才培养依旧保持稳定发展,只是由于纳粹德国的排犹主义和对待人才的意识形态化和种族化,德国把世界人才高地的最优秀资源拱手相让,德国大量天才移民美国、英国和其他国家。德国的历史教训很好地印证了美国著名学者理查德·佛罗里达在其《创意阶层的崛起》中的 3T 理论,也就是说,人才、科技、宽容(talent, technology, tolerance)是创意阶层形成的关键。德国所走的德意志道路具有丰富的历史经验与教训。

2. 德国的人才战略具有明显的国家干预特点

德国的各级政府在教育和人才规划方面发挥了积极作用。从普鲁士教育体系建立,到德国劳动力市场与职业教育研究与规划,再到最近十几年德国加强高科技和紧缺人才的外国移民和本国人才保留,都具有明显的政府主导特色。德国政府在高层次科技人才开发方面制定和实施了一系列卓有成效的政策和措施,突出体现在人才评价机制、薪酬制度、高科技人才引进和激励措施、青年后备培养计划、立法保障等方面。

3. 德国是一个制造业大国

德国制造业在国民经济中占到四分之一,吸纳了大量从业人口。如果把德国比作一座制造业大厦,那么职业教育就是制造业大厦的脊梁。职业教育向德国制造业源源不断地输送了大量高素质的产业人才,他们不但具有过硬的业务素质,还具有独立解决问题的能力。很长时间,以双元制为特色的职业教育,成为"德国制造"背后的重要秘密武器。"双元制"是德国职业教育最大的亮点,这种职业教育模式集职业学校和企业优势于一身。培训企业要与培训学生签订培训合同,支付给培训生适当的补贴费用。不少学生在完成培训后,就能顺利到培训的企业中找到工作。这一职业教育模式的成功,很大程度上来源于联邦、州政府的协调合作,这样的协调合作机制经过几十年的不断摸索已相当完善。长期以来各类企业在培训年轻人方面普遍拥有的责任感也是很重要的因素。企业不但以雇主身份对相应专业的职业教育给予了肯定,而且还积极为年轻人提供企业实习和训练的机会,这样的教育机会也被年轻人所珍视。正是基于这样的各方努力,受过职业教育的年轻人的失业率一直非常低,年轻人得到自己满意的职业教育并兢兢业业地工作就能够有长期就业的机会和保障,这是德国职业教育能够得到受教育者及其家庭支持的重要原因。

4. 德国高等教育曾经在洪堡改革以后引领世界潮流

洪堡的教育改革①对德国乃至世界都产生了深远影响。以"洪堡思想"为理念创办的柏林大学②是德国近代高等教育近代化形成的标志。洪堡改革后,各国学者不断走访或留学到德国,柏林大学的办学理念不断被移植到各国教育中。教育和科研自由的指导思想促进了传统高等院校的学术研究,科研在此之后受到空前重视,高等教育在教育内容和形式上有了明显改进。洪堡的高等教育改革是德国乃至世界教育史上一次具有划时代意义的改革,其提出的"教学自由、学术独立、教学与科研相结合"的洪堡教育思想至今仍是教育理论界探讨的焦点。

5. 依靠市场机制积极主动的人才争夺竞争政策

德国不仅是世界人才强国,而且德国各级政府对于劳动力市场和职业规划的统计和研究有着近百年的历史,值得各国学习借鉴。但是,由于政府对于劳动力市场干预过多,劳动法规对企业的雇佣和解雇决策的管制过多,政府给予失业者的补偿和帮助过多,再加上劳资谈判自治造成企业"内部人"过强的谈判能力,这使得德国劳动力市场患上了"制度僵化症"。为面对新一轮产业革命和社会市场经济巨大变革的冲击,德国联邦政府在20世纪90年代采取一系列措施减少政府对劳动力市场的直接干预。同时,面对自身优秀人才的外流和全球人才争夺战的不断加剧,德国也随之不断进行相关法律和政策修改。

---

① 1809年2月洪堡主导普鲁士义务教育制度的改革。

② 起初学校以国王的名字——弗里德里希·威廉命名,后改称"柏林大学",但民众却喜欢以创始人之名叫它"洪堡大学"。

三、加拿大的人才战略特点

随着经济全球化的进一步发展,人才之间的竞争更加激烈,形成了新的局面。在国际人才竞争日益激烈的大背景下,加拿大政府积极应对,采取了一些措施,大大增强了加拿大对于本国外流人才以及国际优秀人才的吸引力。

1. 不断加强的科研基础设施建设和多渠道资助的政策导向

加拿大政府认为,要吸引和留住世界一流人才,就必须提供高水平的科研环境,建设可创造卓越研究成果的场所。早在 1997 年加拿大政府就创建了加拿大创新基金,主要通过资助研发项目的基础设施建设来提高大学、科研院所等各类研究机构从事世界级研究开发的能力。为帮助高等院校改善科研基础设施,2009 年,加拿大政府决定投资 20 亿加元,实施基础设施计划。该计划致力于资助一些科研项目,通过建立一些国际合作平台来进一步优化促进科研环境,为高水平的科研人员营造一种能够充分施展才能的环境。到目前为止,获得该计划项目支持的高等院校科研院所已经有 536 个。为大力支持高校吸引优秀人才、培育精英科研团队,早在 2000 年,加拿大政府就设立了首席研究员计划,从政策角度引导人才内流,并对四大国家级基金会加大财政支持力度。加拿大首席研究员计划(Canada Research Chair Program)是一项专门吸引和培育高校学科带头人的计划,在国内获得了很高的赞誉,在国际上也有很高的知名度。首席研究员计划自从实施以来,就受到广泛的欢迎,取得了卓越的成效,吸引了不少国外优秀人才到加拿大来,也使很多当地留学海外的人才得以回流。

同时加拿大政府非常重视对知识产权的保护,很多研究型大学都拥有各自的知识产权政策,并且是独立实施的,能较好地保障所涉及的各方利益,调动科研人员的积极性。一般而言,知识产权中的版权归作者所有,版权所有人可以随意处置其知识资产。滑铁卢大学作为加拿大综合实力最强的研究型大学,就是通过知识产权权属政策激励人才的发明创造和吸引全球人才方面的典范。该校的政策规定,除特定情况外,教职员工和学生研究开发成果所形成的知识产权 100% 归发明者或创作者所有。

充分运用灵活的移民和薪酬制度吸引海外人才。加拿大政府不断修订移民法,促进优秀和紧缺人才的快速移民,每个学校都有专人负责新聘请的外籍教师的移民事务,一切手续都可以帮优秀的人才办理。2008 年,为简化外国劳动力的入境申请程序,加拿大政府制定了"快速移民行动计划"(Action Plan for Faster Immigration)。加拿大政府在 2010 年还对投资移民政策进行了调整,允许各省投资加拿大政府制定或监管的项目可以根据自身情况自行出台计划。

吸收优秀学生来加留学并留住优秀人才,这也是加拿大人才引进计划的重点内容。为进一步吸引更多高素质的青年人才,加拿大政府在 2009 年实施的经济行动计划中,专门新增 8750 万加元,用于进一步加大对加拿大研究生奖学金计划的资助。在众多奖学金计划中,最著名的就是"Vanier 加拿大研究生奖学金"。为了吸引国际上优秀的博士生,帮助加拿大吸引和留住杰出人才,加拿大联邦政府在 2008 年提出设立 Vanier 加拿大研究生奖学金,并于 2009 年正式启动。Vanier 奖学金预算 2500 万加元,获得奖学金的博士生每人每年将获得 5 万加元的资助,为期 3 年。该奖学金主要是针对科学和工程、社会科学、人文科学以及医药卫生与管理艺术等学科的研究生,通过在加拿大和全球范围内每年招收 500 名顶尖博士生在加拿大学习,推动加拿大在经济、社会和科学研究等领域的发展。

2. 放宽留学生在加拿大工作的签证期限

加拿大联邦政府移民部于 2008 年 4 月出台新规,将国际留学生在加拿大工作的签证期限由原来的 1 ~ 2 年延长为 3 年,且在申请时不需要提供工作单位的证明材料。根据相关规定,只要在加拿大认可的学院学习 2 年以上并毕业的国际学生,毕业后就可以在 90 天内不受任何限制申请工作签证,同时在 3 年内拥有 1 年加拿大工作经验的国外工作人士就可以通过加拿大经验类移民,从而申请成为加拿大永久居民。加拿大对相关移民和签证政策的调整使其移民系统具有更强的竞争力,有利于吸引和留住国际优秀人才。

加拿大政府还颁布各种人才激励政策,为海外人才提供更多高薪就业机会,通过很多优惠待遇保障高品质生活以吸引和留住人才,例如工资、福利、住房等。根据联合国发布的评估报告,加拿大曾经连续 7 年在优良的生活品质方面获得世界第一,老人、穷人和儿童可以享受的社会福利超过美国,加拿大公民也可以享受免费的医疗服务、生育补贴、免费儿童教育、高额退休金、伤残保险、抚恤金、高额失业救济金等。

3. 重视未来研究人才的培养

加拿大政府在引进国外优秀人才的同时,还设立计划帮助新移民获得工作经验。2007 年,加拿大政府投资 864 万加元启动实施了工业研发实习生计划,提供给大学毕业生以及博士后研究人员参与企业实习的训练机会,帮助学生获得直接的科研经验。2010 年 10 月 5 日,加拿大联邦政府宣布,设立"新联邦新移民实习计划"。政府拿出一定的工作岗位,让新移民得到一份与其工作经验及技术有关的临时职位进行实习,以帮助新移民获得本地经验,在加拿大劳动力市场中充分发挥他们的能力。在培养高层次研究者的同时,加拿大政府也通过实施工业研发实习生计划、合作研究和培训计划、科学推进计划、工业研究援助计划和青年就业计划等培养未来的研究人才。这些资助计划的实施有利于吸引更多的青年力量加入科研队伍,鼓励并支持他们独立开展创造性的科学研究工作,为建设高素质的青年后备人才队伍起到重要推动作用。

四、新加坡的人才战略特点

新加坡自建国以来就确立了人才为本这一兴国理念。新加坡通过采取开放式的人才选拔和具有特色的人才管理制度,为其发展提供了坚实的人才保障。新加坡在建国后 40 年的时间内发展成为世界上最发达的国家之一,创造的经济发展奇迹令人瞩目,靠的是什么? 新加坡前总理李光耀说:"治国的成功之道就是栽培优秀的人才,罗致更多的人才。提高政府素质和生活的素质。"尊重人才,招纳人才,放手使用人才,是新加坡的人才战略,也是新加坡能够实现繁荣昌盛的原因。

1. 以人才为本的兴国理念:开发人才,人才立国

新加坡高瞻远瞩,实施人才立国的战略,为新加坡日后的发展提供了保障。在此战略思想的指引下,新加坡政府自建国以来就一直贯彻和重视对国民的道德教育和科技教育,将"受过良好教育,并且培养有素的人"作为重

要的财富,并以此来吸引外资并使他们投身新加坡政治、经济和科技等各方面的事业。同时,新加坡政府根据本国经济与发展的需要,不断调整教育政策和改革教育制度,努力扩大对国民教育和培训的投入。根据统计①,新加坡国民生产总值在 1960—1985 年大幅度增加,而同期的教育投资也有大幅增长。到了 20 世纪 80 年代,新加坡已经成为亚洲"四小龙"之一,仍然注重对人才的开发和培育。1980 年李光耀在国庆演讲时向全国发出召唤:"新加坡几乎没有什么天然资源,要保持每年提高生产力 60% ~ 80%,维持经济增长,必须充分开发人才资源。"为此,政府在总理公署增设了机构,专门让有才能的人担任各种职务,使他们的作用能够充分发挥出来。此外,新加坡还在全国范围内广泛开展了培训计算机人才为主的活动,不仅如此,新加坡政府还在全社会促成一种"开发人才、尊重人才"的风气。国家发展部长林金山在识别人才、任人唯贤方面作出了贡献,李光耀亲自提名他为"麦格赛赛奖"候选人,称赞林金山是"善于把人才与资源结合起来的超级建筑师",鼓励大家积极向他学习。正是由于一大批优秀人才的团结协作,新加坡的经济飞速增长。

2. 开放式的人才选拔:求才若渴,举贤任能

人才立国的治国方略是新加坡一直所坚持的,与此相匹配,新加坡建立了一套培养和吸纳人才的社会制度,通过具体措施将人才立国战略贯彻到实处。新加坡有一套开放式的、有效吸引人才、招揽人才的策略。首先,新加坡把培养人才的重点放在开发人才的潜力,对新加坡自身人才的培养更加重视,实行双轨制分流教育,划分普通教育和技术教育两系列,并将学生分流到不同系列。人的潜力通过分流教育可以被发现,培养目标的确定要根据人的潜在能力,在培养的过程中又可以进一步发掘人的可造性并尽可能往更高层次培养,形成一种人尽其才的教育制度。实际情况表明,新加坡的双轨分流教育是适合新加坡的国情的,并且也是非常成功的。同时使社会对人才的基本需求也能够得到保障。其次,新加坡为了使"人才战略"进一步推行,采取了极具特色的使用人才的方式。一方面,把人民党党内的人

----

① 数据来源于 Singapore Department of Statistics。

才优势充分发挥出来,党内专家吴庆瑞、杜进才、贝恩等都在内阁担任了要职,在国家经济建设中起到了重要作用。另一方面,和私人机构进行竞争,积极寻找优秀的人才,给予人才公平公正的待遇,并吸引大量人才到政府部门和法律机构工作。

3. 独特的人才管理:严格标准,管好用活

新加坡政府对人才非常重视,并积极为人才的成长创造条件,且对失职干部绝不姑息纵容,通过非常严格的规章制度和法律规范来对干部进行管理,以管得严而闻名。李光耀经常说:"你要想当一名公务员。就必须有奉献精神;你要想赚钱,就去经商。""当领导的人不能自私自利和以自我为中心,人民行动党的每个干部必须抱着利他主义,有一种肯为同胞做事的气概。"新加坡录用公务员,对于专业文化标准和思想政治标准都有非常严格的规定。与此同时,为了使岗位管理更加地规范,制定了更加具体的行为准则。每个岗位上的公务员,依据国家公务员准则和有关的法律法规以及各自的工作性质和特点,都有具体的行为规范准则和职位责任。新加坡的监督管理体制也非常的严格,对公务员进行多方面监督管理,确保公务员清廉并且恪尽职守,勤于政事。在新加坡,官方的监督机构就有4个:①专门负责公务员监督和管理的国家公共服务委员会;②总理公署的铨叙组;③专门的肃贪局(贪污调查局);④国家的法制部门和安全部门。民间的监督方式也有3个方面:①民众可以通过社会发展部的中央投诉局进行投诉,②通过选区内的议员反映;③通过大众传播媒介曝光。

4. 稳定持久的人才队伍:吐故纳新,新老交替

新加坡的人才队伍一直能够充满生机活力和保持高效率,关键在于推陈出新,通过程序化的方式进行新老交替。在新加坡,选拔各级各类公务员,尤其是高层的政务官员,都必须经过细致考核和明察暗访,对于有关标准严格遵循,并经过法律程序产生,经过逐级任职的方式逐步地输送到各级文官队伍中,接任前辈的工作,使交接保持平稳过渡。对于年龄已到或不能胜任、犯错误或者犯法的,全部按照相关规定自动辞职,通过补选、改选或者大选补上空缺的位子,通过国家公共服务委员会选拔补上普通公务员的岗位空缺。新加坡具有独特的政治自我更新程序,在选择接班人的时候,有计

划、有步骤地推行。新加坡政治领导人的选举程序虽然复杂但是很系统,要经过铨叙组、公共事务委员会的审查考试,参加党选,接受群众评判后才能担当一定职务。1000 名优秀的人由人民党从 50 000 名受过良好教育的人中选出,又从这 1000 名优秀的人中筛选出 50 名进行锻炼和考察,最后选出 30 名分任政府或其他组织的重要职务。

五、日本的人才战略特点

日本是一个岛国,地域狭小、资源相对比较贫乏。日本在第二次世界大战战败后,经济处于崩溃边缘,但仅经过短短 10 年,便以惊人速度恢复到战前水平,并于 20 世纪 80 年代经济规模超过联邦德国、英国,成为当时仅次于美国的世界第二大经济体。回顾这段发展历程,日本前首相大平正芳谈道:"以科学立国为国策,高度重视人才,是日本成为世界经济大国的根本所在。"

1. 建立人才成长机制

近年来,日本人才战略的首要措施是建立有利于人才发展和崭露头角的机制,并前后推行了一系列重要的改革措施。如任期制的进一步普及,加强人才流动;全面引入竞争机制,使研发环境得到改进;增强青年研究人员研究的自主性;对科研成果评价体系进行改革;灵活使用人才和拓展人才多样化发展的途径等。日本研究人员流动性比较低,近年来,作为日本实施人才战略的重要一环,日本政府通过广泛普及任期制,提高科技人才流动性。第二期《科学技术基本计划》①明确规定:国立研究机构实施任期制及公开招募的方针。实施任期制,有利于积攒多种研究的经验,更好地激发研究人员的创造性,有助于加速人才流动。日本通过引入竞争机制使研发环境得到进一步的改善,在未来五年中将"竞争性研究资金"增加两倍是其中的一项比较重大的改革,建立有利于优秀科技人才及其成果展露出来的研究体制和具有竞争性的研发环境。

---

① 2001 年 3 月日本出台了第二期《科学技术基本计划》。

2. 加强创新人才培养，改革教育制度

积极推进大学尤其是研究生院的建设。2001 年 6 月，文部科学省颁布《大学结构改革方针》(亦称"远山计划")，旨在改革国立大学管理体制，全面引进竞争机制，并改善科研教学基础设施。从 2002 年起，作为推进"远山计划"的主要措施之一，开始实施《21 世纪 COE 计划》(即建立"卓越基地"计划)，目的是要建立若干个具有世界水平的教育科研基地，培养高科技创新人才，培养经济社会急需的科技人才。近年来，培养社会紧急需要的高科技人才日益受到重视。其中，培养 MOT(技术经营)人才、知识产权相关人才是其与众不同的体现。培育 MOT 方面的人才，主要是以经济产业省为中心，并且依靠产业界、大学、民间教育机构形成的技术经营财团，进行从事技术经营的普及和促进活动。同时，日本大学设立 MOT 专业的数量也在快速增加。日本文部科学省设立了"特别研究员"制度，其目的是进一步引进和招纳国外的优秀高科技人才，此外，日本政府还推行了关于科技人员资格的国际相互认证制度、国际间的养老金相互补偿制度、优化引进外国科技人数子弟的教育环境以及为其家属在日本安心工作创造优越的环境等。日本政府为了促进人工智能产业的发展于 2017 年发布以技术及产业化路线图为重心的《人工智能技术战略》，2019 年以全国应用人工智能为宗旨的《人工智能战略 2019》的又一次发布，重点安排和实施人才、研制和社会实装应用策略及措施，从而使日本开启了人工智能从技术到应用全面推进发展的新阶段。

第二节　人才战略的国际发展趋势

一、人才战略的国际化

1. 人才是赢得国际竞争主动性的战略资源

无论是国家或地区之间的竞争还是企业间的竞争，归根结底都是人才的竞争。当前，世界正处于百年未有之大变局，世界形势变化对全球人才发展与人才战略有很大的影响，人才战略总体上呈现出一个崭新的趋势：更加重视人才战略价值、人才供给和需求失衡、人才流动的形态更加多样化、人才竞争愈加激烈。

2. 人才战略价值更加重要

目前,世界发展已迈入创新驱动发展的历史阶段,人才战略的重要性在其中越发显现出来。"人才"在西方语境中也是很熟悉的,因此不能简单地停留在"人的才能"的认识,而是更趋向于关于人才内涵的理解。例如,关于人才内涵的整体性解释是由戴维·尤里奇提出的,即"人才=能力+责任+贡献"(talent=competence commitment contribution)。施瓦布针对第四次工业革命明确提出,人才是最关键的生产要素,而不是资本。人才的匮乏是限制创新、竞争力和经济增长的关键因素,而不是资本的短缺。无论是经过理论的探索还是实践都表明,人才的战略属性和战略价值都已越来越明显,人才主义、创新驱动的核心是人才驱动都已经成为全球广泛的共识。目前,发达国家和发展中国家,都高度重视并积极践行着科技创新、经济增长、产业发展、竞争优势、发展动力是由人才来决定的,人才和科技是经济安全的关键变量并直接影响国家安全,人才日益成为推动世界格局、国际关系、国力变迁、大国兴衰的重要因素,人才及其战略被摆在了优先发展的战略位置。

3. 人才供求矛盾更加凸显

(1)全球人才需求规模越来越大。无论是发达国家还是发展中国家对人才的切实需求都在迅速增长,发达国家因为非常高的创新水平、非常快的更新速度,人才需求量及其增速要远远高于发展中国家,一些新兴国家、发展中国家对人才的需求也正在大幅提升。此外,在逆全球化的背景下对人才供应链打断的背景下,一种新的人才需求也在增长。各国都已经意识到产业链过度集中的危险,建立多渠道的供应来源、推动全球产业链模块化,已经成为一种新的发展趋势。

(2)全球人才的质量需求越来越高。世界经济论坛(WEF)认为,当下或者将来,对于非程序化的人际交往能力、分析能力的需求在不断增长,而与此同时,程序性和非程序性的手工操作能力、程序性的认知能力重要性正在不断下降,其中下降最多的是程序性的认知能力。在当前和今后很长的时间里,加快高质量发展对人才质量的需求,即对人才能力的需求越来越高。

（3）日益受限的人才供给。全球对于人才的需求在不断增长,但现有的人才供给并不能有效地满足各国对人才的迫切需求。由于全球人口老龄化进一步加剧、新一代人才供给规模大体保持不变以及各种突发事件使全球人员流动陷入停滞并打断人才全球供给链,全球人才供给反而更加紧缺。国际货币基金组织(IMF)、光辉国际(Korn Ferry)预测,全球到2030年可能短缺8500万技术人才。同时,工作的内容和形式由于第四次工业革命的技术正在发生迅速而巨大的改变,这对人们的才能和技能有了更高的要求,才能和技能必须不断地更新,更加的专业化。根据IBM对中国、美国、英国、欧盟、印度、新加坡和拉丁美洲的5500多名商业领袖进行调查显示,39%的人认为采用人工智能的主要障碍是缺乏数字技能。由此可以得知,在全球范围内,人才的供给和需求之间,存在着长期的、普遍的失衡。

4. 人才竞争更加激烈

麦肯锡在1997年提出"人才战争"这一术语,是对寻求和留住人才这一图景的形象勾画。随着世界人口老龄化的日益加重、新兴市场教育水平和技术技能的进一步提升以及各国之间人员流动的障碍减少,世界人才竞争更加激烈。除此以外,受世界政治格局的激烈演变,尤其是中美之间的战略竞争因素的影响,世界人才竞争表现得更加强烈,甚至会出现对抗行为。

日本企业对于国际化人才的培养非常倚重,培养国际化人才是很多国际化企业的目标,这些企业在人才教育方面投资很大。例如,佳能公司在集团行动方针中积极采取多样化措施推进培养国际化人才以及活用多样化人才,比如为员工的英语学习培训课程提供费用补助,鼓励员工提高自身的多语言沟通能力。杜邦公司的国际化人才培养体系比较完备,根据不同员工的具体情况采取不同的留学培训方式,并且很重视对员工英文沟通交流能力的培养,鼓励和支持员工参加英语培训,并报销员工参加外部英语口语培训的一半费用。日本电气公司开设了国际培训中心,也形成了比较完备的国际培训体系。

日本高千穗大学教授梶原丰先生认为:培育能在多元文化社会中顺利从事商务活动并且不引起冲突和麻烦的人才是国际化人才培养的目标,而这些人才的培养单单依靠提高外语能力是不够的,重点在于提升业务推动能力、专业能力，同时对多元文化社会的适应能力也要提高，通过集中培训或其他方式对国际业务工作人员从事工作时感觉困难的项目加以解决，不同的培训方法要随着企业国际化进程的不同阶段而变化。

总体而言，全球人才发展形成的新格局与新趋势，对我们的人才工作也提出了新要求。首先，全球人才战略实践表明，创新是取得全球竞争优势的关键基础，人才越来越成为引领发展、赢得未来的重要战略资源。在国家发展、国际竞争、国家未来命运等方面，人才的位置只会越来越靠前、越来越高。为更好应对全球局势变化并准确把握发展的良好态势，我们必须把握科技发展、产业变革的态势，因势利导、顺势而为、乘势而上，把人才放在更加突出的战略位置上，重视对人才的培育。要采取更有力的措施、创造优越的环境，从而招纳汇聚更优秀的人才，让人才成为发展的中流砥柱，为全球发展创造新的发展亮点、提供新的发展机遇。其次，全球人才供给矛盾以及全球人才流动多样化表明人才发展的格局已经发生了新的变化，如果人才举措、策略不根据这些变化进行相应的变革，而是依然保持已有的、传统的、单一的方式方法，我们或许会处于被动地位；与此同时，我们还应当看到，当前全球人才供求、流动方面出现的动向还处在初始阶段，能够从当下识别并把握影响未来的细节以及加快推动新的变革并取得突破，将会为未来的发展提供更多的主动权和更大的空间。

因此，面向全球和未来，需要我们把握全局，顺应形势，洞察变化，善于从危机中发现机遇，同时还要把握发展趋势、遵循发展规律，在新的背景下开辟新的路径，寻找新的发展方向。此外，我们要更加从容地面对全球日益激烈的人才竞争，要充分认识到这种人才竞争甚至对抗具有一定的必然性，是这是全球力量格局发展到一定阶段的必然结果。这要求我们更加坚韧，摆脱异想天开的幻想，要更加全面、系统、客观地去认识人才竞争对抗的时间、规模、强度；要求我们对自己和他人、对形势的变化、对合作与对竞争乃至对抗都更加理性，都有充分认知和估量，并理性地谋求发展的对策；要对基于历史形成的、人民选择的道路更加的自信，依据自身发展的需求，按照自身发展的内在逻辑，把握自身发展的节奏，在新的变局下寻求人才发展的战略，完成历史、时代、世界赋予的使命。

二、人才战略的本土化

本土化战略即全球适应,是企业力求融入目标市场,努力奋斗成为目标市场中的一员所采取的策略。它要求企业把自己当作目标市场中已有的一员融入当地文化,而不是外来的市场入侵者,它强调企业要想获得更大的发展空间必须适应环境,同原理可适用于国家间维度的人才战略。

"人才强国战略"在党的十七大被确定为我国三大基本战略之一,这是人才强国战略上升到国家战略高度的一个重要标志,成为国家寻求发展、增强国际竞争力的重要主题。2010年,党中央、国务院召开了第二次全国人才工作会议,颁布了《国家中长期人才发展规划纲要(2010—2020)》。这是新中国成立以来第一个中长期人才发展规划纲要,它是"在国家国民经济与社会发展总体规划框架下,与科技、教育等国家若干领域发展规划相并列的专项规划",这是站在国家战略高度推动全国人才工作的规划图,是我国今后具体实施人才强国战略的行动纲领,相较于各地方、各领域的人才规划,它更能体现出整体性、战略性和指导性。

兼并收购是中国企业国际化的主要手段之一,独立运行、部分整合、完全融合是已经走出去的企业进行并购的主要类型,这三类企业在融合运营程度上有着显著不同。作为独立运行实体的两个企业,在管理和日常经营运转上是分开的,保留各自的运营体制和系统,双方主要是战略合作伙伴的角色。部分整合的企业分为多种类型,有的企业营销策略是共享的,而中后台分开;有的中台是共享的;还有的企业后台共享而中后台分开。第三种模式就是完全融合,而这种模式又可以分为两种不同的情形:第一种形式是吸收合并,即被并购的部分以整体的形式包容于并购方;另一种形式是完全融合,即双方相互融合最终达到完全同化的程度。因此并购中最重要的就是人力资源的整合,企业要确保在"走出去"的过程能够更加稳妥和顺利,就必须实施人力资源整合。

目前为止,从中国企业走出去的发展路径来看,其主要经历4个阶段,即初级阶段、成长阶段、国际化阶段、全球化阶段。国际业务部门是第一阶段的典型组织形态,以生产战略导向,采用集中生产的方式运作,市场和生产基地、竞争战略都在国内。在海外建立办事处或者建立分公司进行分散管理是成长阶段典型的组织形态,其竞争策略是各个独立国家分别经营,竞争市场和生产基地也都发生了变化,从原来以国内为主扩大到国内和各个独立国家,生产基地也从国内扩大到了国际市场。建立跨国的业务线进行集中管理是国际化阶段典型的组织形态,该阶段企业的战略导向发生了变化——从市场转变为价格,而竞争策略和市场都以跨国为主,生产基地由国内向成本最少的国家转变。全球联盟的协作式管理是全球化阶段典型的组织形态,此时从战略管理转变为以战略为导向,竞争策略和市场都全球撒网,生产基地也在全球寻找成本最低的国家或地区。随着4个阶段的发展和成熟,无论是人才国际流动的频率还是人才流动的相对自由度都在逐步增加。在初级阶段国际业务部门的有关人员流动范围比较小,通常只在国内总部和子企业之间流动。在成长阶段海外机构开展业务有限使得总部外派到海外办事机构工作的人员较少,或者只在当地招聘少数员工。国际化阶段企业海外业务与机构相对比较成熟,此时外派员工与外籍员工相应增多。全球化阶段的业务及机构管理都立足于全球,涉及企业全球化整合及规划,此时人才国际流动频率和人才流动自由度都是最高的,需要在全球范围内有效配置人才。

当地聘用的外籍人员也属于企业管理部外派的员工,但是员工的数量较少,且开展的业务范围也比较有限,因此虽然在文化上存在一些摩擦,但影响较小。当海外公司成立以后,有了比较成熟的业务运作能力和比较到位的人员配置,外派人员与外籍员工数量都相对增加,此时文化矛盾的频率与强度相应增强。全球化整合及规划后,有来自不同国家的海外机构人员,彼此间不断加强合作,因此文化冲突也更加明显与激烈。这也意味着"走出去"的企业在不同的阶段对文化的关注程度应该也有所不同。在一般情况下,在国际化阶段,必须把文化管理提上企业的核心议事日程。

凡是成功的国际化企业,对海外企业的人才本土化都比较重视。日本东洋纤维公司,设置了国际职员培养和使用当地雇员的制度,从两个方面对该制度进行考察:替代日本驻外人员开展业务的能力和忠心;当地主管人员是否有望成为"东洋纤维集团国际职员"。员工认证和登记要在总公司进行,然后企业会对其采取稳定的培养政策。

在经济全球化的大背景下,具备国际化的思维观念是非常重要的。对于国际化人才而言,首先要以包容、开放的心态来学习,面对不同国家的风俗习惯、语言和文化的差异等,要学会求同存异。其次要坚持平等的原则,只有彼此尊重、平等相待,才能够得到东道国的政府、企业和民众的赞同和支持,实现企业"走出去"的目的。中国有的国际化人才战略意味着在"走出去"过程中要具备国际视野,国际化人才在进行生产、经营、管理的决策时所依据的信息,不能只限于国内和东道国,而是要考虑全球范围与之相关的所有的资金、投资、技术、市场、产品、土地、劳动力、政策、文化、法律、宗教等要素。

国际化人才必须拥有国际化的沟通交流能力。这种能力不仅指能够熟练运用外语进行沟通和交流,还指在非常熟悉他国及本国文化的基础之上,把语言作为进行跨文化交流沟通的工具。

三、人才战略的多样化

人才资源作为第一资源,是促进科技创新和推动经济社会发展的重要资源,在经济全球化的时代,已经成为必不可少的知识资本流动载体。当今世界,各个国家、各个领域、各个企业的竞争都更加激烈,究其根本还是人才的竞争,人才管理体制和机制的竞争是人才竞争的主要表现。由于国家地区和企业的不同,人才战略也有很大的区别,在人才内外部环境纷繁复杂的情况下,要根据自身的实际情况,开展有指向性、特点的人才战略来吸引招纳优秀的人才。

各国吸引人才各有妙招,各国由于自身的实际情况和发展阶段,对于各类的人才需要也有一定的偏好,除以上美国、德国、加拿大、日本等国的具有竞争力的人才战略,其他国家也有不同的符合本国人才需求的相关政策。在新加坡,政府为引进外国优秀人才制定了一系列优厚政策,比如企业在招聘、培训外来人才方面的支出以及为人才提供高薪和住房等工资福利报酬方面的支出可以享受减免税的政策;在瑞士,国家对国外科研人员有一定的偏爱,通常瑞士为了保证本国人民可以优先就业,对企业招聘普通外国人设置了种种限制,但对科研人员却开放绿灯,企业可以不必考虑外国科研人才的国籍和是否在瑞士定居等,只要有能力,对科研事业进步有价值就可以聘用,必要时会对其办理定居手续提供方便。

人才战略会受到企业规模和人才资源状况的影响。从理论上来说企业规模越大,人才流失率往往越低,其主要原因是规模大的企业人才选拔的管理程序更复杂,极具竞争性的工资补偿体系和大企业给员工带来的优越感会使员工不愿意离开企业,但大的企业也会因为缺乏企业凝聚力而存在官僚主义缺少人情味,从而造成人员的流动。

人才战略会受到企业产品市场生命周期和企业所处发展阶段的影响。市场上所有产品都不是久销不衰的,每一种产品都有一定的生命周期。新产品研制成功后从开始进入市场、占领市场、到被市场淘汰的整个的历程是产品市场生命周期。一条"S"形的曲线是典型的产品市场生命周期,依据曲线的特点可分为引入期、成长期、成熟期、衰退期4个阶段。在企业产品的不同市场周期阶段,企业应根据其特点采取不同的人才战略。引入期时,企业新产品刚试制成功后投入产品试销阶段,在此阶段企业注重对新产品的监控和优化,更加注重研发和运营人员。而进入成长期之后,企业产品试制成功进入批量生产、销售扩大的阶段,此阶段内销售人员发挥更重要作用,企业人才战略重心向销售人员倾斜。在成熟期和衰退期同样会根据企业现状采取针对性的人才战略。

人才战略会受到国内外人才竞争状况的影响。当今世界多极化趋势不可逆转,经济全球化进程进一步加快,尤其是在中国加入WTO以后,中国企业人才战略的实施面临着空前未有的机遇和挑战。一方面人才的流动随着全球化的发展呈现出国际化趋势,这为企业人才战略的实施提供了非常大的市场空间,为企业引进人才、招纳人才提供了更多的机会。另一方面经济全球化的发展使企业要同时面对来自国内和国际的激烈竞争,这使企业人才战略的实施面临巨大的困难与挑战。

人才战略会受到社会文化环境的影响。社会文化环境也对企业人才竞争战略管理产生重要的影响,它对企业内部文化建设有着重要的示范和推动作用。社会文化环境包括影响企业人才战略制定的国家或地区的社会性质、价值观念、风俗习惯、文化传统及宗教信仰等各个方面。当前,我国社会正在形成一个尊重劳动、尊重知识、尊重人才、尊重创造的良好氛围,无论是政府还是到普通民众都注重提倡以人为本的理念,整个社会形成人才是第一资源的共识,创设出关心人才、尊重人才的良好氛围。

人才战略会受到技术环境的影响。企业所处的社会环境中的技术要素以及与该要素直接相关的各种社会现象的集合被称作是企业的技术环境。社会科技水平、社会科技力量、国家技术体制、国家科技政策和科技立法是当前企业的技术环境主要的四个基本要素。现代科学技术的发展既给企业带来了良好的发展机会,也给企业带来新的挑战,企业想要保持竞争的优势需要高度重视技术改造和持续不断地进行科技创新。

人才战略会受到地区环境和竞争对手状况的影响。对于企业来说,竞争对手的人才状况一定程度上会影响企业人才战略的选择。在经济全球化深度发展的市场经济条件下,企业之间的竞争愈演愈烈,及时了解企业所处行业和市场以及其竞争对手的状况,有利于企业进行人才战略决策。企业可以通过自行购买研究竞争对手产品,与竞争对手的供应商建立良好关系;通过参与行业技术会议与竞争对手企业技术人员进行沟通交流。多种途径去了解对手的管理经验、人才战略,从而进一步分析本企业在人才竞争方面的优劣势,进而对人才战略进行调整。在充分的市场竞争环境下,企业之间没有永久的朋友也没有永久的竞争对手,企业有时会在市场竞争中与竞争对手存在共同的人才需求,这也需要企业之间及时根据市场变化调整战略关系,实现从竞争到合作的双赢或多赢。

四、人才战略的发展性

经济全球化的深入发展使作为世界经济重要载体和国际关系行为载体的跨国公司成为重要的经济体,在世界经济政治舞台上的地位日益突出。同时,随着经济全球一体化进程的进一步加快和知识经济的到来,人才成为决定企业发展的核心力量,人力资源开发也进一步发展成为企业的战略问题。进入 21 世纪,各大跨国公司为保持其原有的竞争优势,打破原有重视科技和体制创新的限制,在人才方面持续发力,充分发挥"人才第一资源"的重要作用,积极实施新型人才战略。在知识经济时代,人才是决定企业命运和前途的重要因素,"人才兴,企业盛;人才失,企业衰"已成为越来越多有识之士的共识。在对人才重要性形成普遍共识的背景下,我国企业非常重视人才和人才战略在企业发展中的地位和作用,企业成功与否的关键在于是否确立正确的人才战略。目前,各国综合国力的竞争越来越突出表现在人才、智力资源开发和使用上,人力资源开发不仅是经济问题,更成为事关综合国力强弱的重大政治问题。面对世界百年未有之大变局,我国企业确立和实施的人才战略应该顺应时代发展潮流同时又符合经济社会发展规律,这不仅关系到企业的未来发展,而且对整个国家经济的健康发展都很重要。

　　人类从未停止过对人才成长规律的探究和对人才战略的思考。在 20 世纪 80 年代,我国学者就开始思考"是顺应发展着眼未来,还是墨守成规顺应需要?"一些学者先知先觉,在党的十三大刚刚提出"把发展科学技术教育事业放在首要的位置"后,就从区域经济社会长远发展角度思考制定人才发展战略问题。在 20 世纪 90 年代,学者们更是立足于 21 世纪人才需求,对人才培养的储备、人才激励和社会化管理等问题进行思考探究,甚至提出成立"人才基金会"的建议,眼光非常的长远。一些学者特别关注了行业人才的发展战略,提出人才战略要从行业使命出发,通过制定优秀人才标准、设计行业人才体系、长远连续培养等举措,实现战略任务。21 世纪以来,学者们进一步深入人才战略研究,方法更加严谨科学。这些关于人才发展战略的研究主要是从发展的体制机制、政策制度、体系建设等层面思索人才发展路径问题,谋求立足未来的人才发展之道,体现了系统的思维、历史的视角和宏观的站位。这些研究的范畴也是推动人才发展治理必须探究的内容,为进一步研究人才发展治理奠定了坚实基础。

第三节　全球化时代人才战略面临的挑战和机遇

一、全球化时代人才战略的特点

　　随着经济全球化趋势的深入发展和科学技术的快速变化,传统的资源优势开始被人才竞争优势所取代,企业的竞争优势从根本上源于人才的竞争力。随着全球产业结构的重大调整和国际市场竞争的加剧,一个国家的生存和发展越来越依赖人才的培养和发展,人才竞争已成为综合国力竞争的关键。从经济学的角度来看,人力资本是最具活力、最有前途、最有利可图的战略资本。传统的增长理论认为经济增长的主要因素是实物资本和劳动力的贡献,认为物质是稀缺的,对劳动力、资本和原材料的开发和使用应进一步重视,影响生产的外部因素主要是知识和技术。现代研究表明,人力资本投资是现代社会经济快速增长的主要因素。经济全球化缩短了不同国家、不同贫富状况人群之间的差距,加剧了人才竞争。在经济全球化进程中,通过促进投资和贸易自由化,国家和地区之间的经济联系变得越来越紧密,形成了"我中有你,你中有我"的格局。随着资本流动、货运物流和信息流动的加快,人才和智力因素变得越来越活跃,跨越国界迅速在全球流动。各国可以使用关税、非关税和其他措施来保护本国产品,控制生产要素的跨国界流动,但人才和智力是无法控制的。随着经济全球化的深入发展,大国之间的竞争越来越激烈。在这场前所未有的激烈竞争中,人才成为决定竞争成败的关键点和突破口。为了在激烈的国际竞争中占据主动,许多国家积极适应传统发展模式,制定发展战略,加大人才资源开发力度,实施各种人才引进和教育计划。

随着国际市场竞争的进一步加剧,许多国家的企业都展现出来跨国经营的趋势,跨国公司在世界范围内进一步扩展也受到许多挑战,仅仅依靠本国或本公司的人才已经远远不能满足其日益发展的需要。面对这种情形,跨国公司的视线由国内转向国外,大力推进全球人才战略,放眼全球,吸引招纳世界范围内的一流人才,为企业在全球范围内拓展业务提供强大的动力。一个大型跨国公司的董事会或经理层中往往汇集了许多来自不同国家的高级管理人员,瑞典跨国公司伊莱克斯的首席执行官声称在聘用高级管理人员时看重的是他的能力以及和职务的适配度,并不局限于其所在国家。雀巢作为世界上最大的食品制造商和最大的跨国公司之一,其董事会由多个国籍的经营、法律等方面的专家搭建而成,执行董事会中相当于经理层,其成员是来自不同国家的经营专家,其总部的员工也来自多个国家。由此可知,人才资源的全球化配置已经成为一种趋势。

二、人才本土化是跨国公司人才全球战略的主要发展趋势

跨国企业在其所在国积极推行本地化策略,已经从单一的生产扩展到包括生产、研发和采购在内的所有流程,以推进其全球战略。人力资源的本地化的核心内容,主要表现在海外子公司人力资源配置已经由局部本土化向全面本土化发展,由传统的单纯低端人才普通员工、一般技能员工到高端人才高管人员、研发人才本土化。跨国企业在国外的分支机构,其主要领导职务已逐步被本土化的人员所占据,而在国外成立的研究与开发机构,也开始大规模地聘用本土化的技术人员。诺基亚在中国的招聘流程是,先对中国的人才库公开一个岗位,然后是港台、东南亚等地区,最后是国际范围。而跨国企业的人才战略,并不是以本地化为目标而本地化,而是以支撑其全球战略为目标。诺基亚中国投资公司通过对其在中国的 4 个制造合资公司进行了结构调整,从而完成了"从世界走向中国,又从中国走向世界"的计划。普华永道发表了一份关于"人力资源当地"的调查,认为公司在挑选"本地"员工时,不会再只看"费用",而"权衡"的标准也会重新回到"能力"上来。

三、抢夺发展中国家优秀人才是跨国公司推行人才全球战略的基本策略

跨国企业不仅以其人力资源本地化的方式广为吸收外来的人才,更是以其自身的经济、技术、移民、教育等方式,从发展中国家大规模地挖走了大批的人才。发达国家的人口迁移体系为发展中国家的技术人才流入国内开辟了一条"快速通道"。"二战"后,很多发达国家都采取了"技术移民"的策略,通过"技术移民"的方式,从发展中国家吸收了大量的"技术移民"。根据美国学者的数据统计,美国的半导体工业集中地"硅谷"。同时,跨国企业也会借助其先进的高等教育及丰富的科研资金,从发展中国家吸收青年精英,到西方进行再教育,然后留在自己的岗位上。近年来,一些西方发达国家对发展中国家出国留学生的吸引无论是在广度还是在力度上都有了新的提升,不仅包括了国内优秀的专业技术人员、大学生和研究生,而且还发展到了高中阶段。

四、从竞争对手中挖取高层次人才是跨国公司推行人才全球
　　战略的重要手段

随着国际人才的流动,跨国企业在挑选高管的时候,把目光投向了国内和国外的著名公司,特别是竞争者,采取"先下手为强""釜底抽薪"的策略,从市场、特别是竞争者那里,直接挖掘出高水平的人才,并争取到了同行中最有权势的"将帅"型人才。"总裁跳槽"也是家常便饭,史蒂夫·海亚从时代华纳离职,成为可口可乐的 CEO;中国最大的网游运营商——盛大集团,2004 年正式宣布微软中国公司的总裁唐骏被委任为盛大公司的总裁。曾任微软公司自然交互式软件及服务部门副总裁的李开复 2005 年加入谷歌,担任其国际副总和中国地区的主席。"总裁跳槽"现象是跨国企业实施全球人才战略的一种必然结果。

五、全球化人才战略的挑战与机遇

在知识经济的推动下,人才问题日益成为人们关注的重点。经济的全球化进一步推动了人才流动的全球化,使全球开放的人才观得以出现。人才可以在全球范围内培养、流动、竞争,人才竞争变得越来越激烈。许多国家为了本国的生存和发展,在培养、利用和留住本国人才的基础上,制定了自己的人才战略,同时积极参与国际人才竞争,制定各种优惠政策,吸引国外人才移居或已移居人才回国。人才争夺战在全世界范围内打响,经济实力雄厚的发达国家试图从世界各地"偷走"他们需要的人才。新兴工业化国家也毫不犹豫地鼓励自己的人才回国。这些国家都非常重视探索人才强国战略,制定了各种有效吸引、培养和合理利用人才的政策、法规和措施,取得了很好的成效,非常值得我们去学习。只有了解落后,才能改变落后的状况;只有向先进学习,才能迎头赶上。学习发达国家的经验,对实施人才强国战略尤为重要。知己知彼,方能百战百胜。探索中国人才战略的范围,必须了解相关战略主体的战略意图,通过相互比较,提升自身战略的竞争力和互补性,要尽量避免竞争对手战略中对我们不利的因素,积极学习利用对我

们有利的因素,与竞争对手同时创造有利的外部发展条件,加强合作交流的机会。

发达国家的经济自第二次世界大战后已经取得了非常大的进展。探寻其原因,除了资本和资源的优势之外,一个共同的特征是,人们特别关注人力资源的开发和利用,这是推动物质和自然资源发展的重要原因。进入21世纪,追求人才强国的战略逐渐成为全球竞争的重点。时代和经济社会的发展决定由人才争夺战引发的人才赋能战略,对于发达国家来说,人才和教育在经济的可持续发展、国民素质的全面提高等方面发挥着重要的作用。所以,对于西方发达国家的人才战略、方针政策和实施措施我们要仔细地去探究。美国、日本、德国作为当今世界上最发达的资本主义国家,虽然它们的国情不同,实施国家人才战略具体的方式方法也有很大的不同,但是却有共同的实施国家人才战略的目标,即富国强民,在世界经济和科技领域占据主导地位。这3个国家在培育、引进、使用人才和管理人才市场方面具有独特的优势,其人才的数量和质量在世界范围内都位居前列。

以色列、韩国和新加坡作为新兴工业化国家的代表,以其奇迹般的经济增长吸引了世界的目光。这3个国家基础薄弱,资源缺少,但他们利用落后的优势,大力发展教育,实施人才强国战略,走上了人才强国的道路,实现了跨越式发展。

人口老龄化将在未来30年内对中国的创新和商业环境产生重大影响。到2050年,世界60岁及以上人口预计达到20.3亿,占世界总人口的22%。那时候,中国60岁及以上老年人口数将达到4.87亿,约占全国总人口的34.9%[①]。人口老龄化将给经济增长带来难以预测的挑战。但与此同时,老年人需求的变化以及由此带来的生产生活方式的改变、社会价值观的变化、社会治理体系的转型与演变等,也将为未来的创新和创业带来新的机会。

通过人才工作来带动经济发展方式转变的任务越来越艰巨。经济发展和社会发展,其实就是人的全面发展,是硬实力和软实力的综合体现。在过去很长的一段时间里,中国主要依靠大量资源和能源的消耗来促进经济总

①　到2050年老年人将占我国总人口约三分之一--滚动新闻-中国政府网(www.gov.cn)。

量的连续增长和经济规模的进一步扩大,这直接导致了比较严重的环境污染,对可持续发展产生了不利的影响。自然资源和物质资源是有限的,最终都可能面临枯竭,但是人力资源是不会枯竭。根据新时代新发展理念的要求,加快经济发展方式的转变显得尤为迫切,而人才是发展方式转变的最终支撑力量。切实为加快转变经济发展方式提供人才支持,提升人才为科学发展服务的能力,是我国人才发展面临的现实挑战。在后金融危机时代,国际人才的竞争变得越来越激烈。金融危机爆发后,世界各国,特别是一些发达国家,更加认识到人才问题是一个长期的问题。只有采取多项措施充分利用国际人才资源才能提升中国企业的核心竞争力,有效防范和化解金融风险,确保企业的稳健性、安全性、效率性以及可持续性。在国际上,此时虽然一些国家的失业率有所上升,但欧、美、日等发达国家对技术移民的条件有所放宽,对高层次人才的引进力度进一步加大,开展了新一轮的人才竞争。另外,需要关注的是,在人才竞争中,一些跨国企业也加入了政府争夺人才的行列,推出"人才屋",当前我国人才发展面临的新任务和新挑战是如何更有效地应对越来越激烈的国际人才竞争。

关于标准化的人才短缺的挑战。人才竞争力在全球标准化人才紧缺的背景下不是决定性的优势。如果把发达国家的人才短缺视为数量上的短缺,那么中国的人才短缺可以认为是在人才质量和管理方面的"短缺"。除此之外,中国无论是在人才的培养还是在人才的使用方面与国际一流水平都还有很大的差距。比如现代大学制度的建设和管理与世界一流水平相比,缺乏世界一流的大学和研究机构,无法培育出具有国际竞争力的专业优秀人才;没有界定好政府、市场乃至社会之间的边界,没有有效发挥市场在资源配置中的决定性作用;政府在人才工作中越位、滥用职权的情况还很多,社会在人才发展中的作用还没有得到很好的发挥。还有就是人才流动面临的国际化挑战,随着人才的国际流动越来越广泛,流动的障碍也越来越少,一个国家的吸引力和为人才创造价值的潜力是非常重要的一个变量。如果创造的人才价值没有其他国家的具有吸引力,不能为人才提供新的体验,甚至不能为人才提供更好的回报,那么将会有越来越多的这些国家和城市在人才全球流动中失利。

　　世界科技中心自工业革命以来主要集中在 4 个国家,即 17 世纪的英国、18 世纪的法国、19 世纪的德国和 20 世纪的美国。20 世纪 70 年代末以来,具有全球影响力的科技创新中心伴随着全球创新发展的进一步深入逐渐从单极转向多极,逐步形成了多中心、多模式的新格局。首先,从空间分布上看,欧美发达国家仍然是全球科技创新中心的集聚地,这些国家依靠其丰厚的科技资源和丰富的人才储备从而在全球创新体系中占据主导地位,并且成为科技创新和产业发展与变革深度融合的发源地。其次,伴随着世界经济重心的东移,全球高科技创新的驱动力越来越多地积聚在亚太区域。一方面,跨国公司在全球科技创新中发挥着主导作用,他们为了实现全球创新资源的优化配置去设立自己的研发机构和构建全球研发网络。另一方面,许多的科技型中小企业也成为研发的主要力量。许多科技型中小企业随研发活动全球化而产生,它们通过积极地参与研发和分工,不断增强和提升自身创新能力。由于跨国公司的主导作用和中小企业的自主创新紧密结合,许多新技术被大量企业迅速采用、改造和模仿,从而促进了新产业的发展和壮大。

　　我国要积极适应经济全球化和国际人才流动的发展潮流,紧紧把握发展机遇,把握我国建设世界科技创新中心的机遇,坚持党管人才这一原则,冲破束缚,积极探索。人才优先发展战略规划要加快制定的步伐,进一步推进体制机制和政策创新,打造国际一流的事业发展增值平台,建立具有竞争力和灵活性的人才发展的体制机制和管理模式,适应人才的自由流动。建立和完善友好、充满生机、融洽、美好的人才环境,为经济发展方式的转变、创新驱动发展战略的实施、经济发展水平的提升提供强有力的人才和智力的支持。对于科技进步的主要方向、产业革命的主要趋势、人才引进的主要举措要紧紧地把握好,围绕这 3 个重要的问题——"创新的主体""活力的来源""成果的使用",大力集聚创新要素激发高质量活力,使创新要素的活力迸发,创新精品不断出现。

　　(1)要立足未来科技布局,建设世界知名的研究中心。要和国际上一些先进城市进行比较和学习,对于前沿科技研究的投入要进一步加大,支持和鼓励本地的高校和科研机构开展原始创新,努力建设一批世界一流大学和国际领先的基础研究机构,努力在关键领域实现技术的突破。

(2)深化体制机制的创新改革,努力激发科技创新的动力和活力。推动企业成为科技研发和创新的主体,建立产学研用相互协作的创新机制,建立产学研用有效衔接、符合科技创新规律的体制机制,最大限度地推动创新,激发创新的活力。

(3)要加强绿色环境建设,打造全球领先的科技创新孵化基地。要进一步完善创新服务的支撑体系,建设高效的多层次资本市场体系,加强知识产权保护,推进各类平台建设,促进研发、孵化、专利和产品商业化,加快发展专业化的中介服务机构,提高创新能力,提升创新活动效率。

(4)重点发展新兴产业,全力推进产业集群建设。对于有基础条件和发展潜力的产业要加大创新投入,加快建设一批世界级的一流创新型企业,建立信息技术、生物医药、智能制造等一系列国际领先的高新技术产业集群,在全球产业发展中占据主导地位。

(5)完善好人才激励机制,建设国际人才中心。要积极引进国内外创新人才,根据科技创新和产业升级等重点领域对于人才的需求,将培育和吸引科技研发领军人才和科技创业领军人才作为重点内容,培养具有国际视野和优秀专业技能的高层次人才队伍。

促进创新驱动力的自由流通,促进对外开放,促进创新驱动力的交流和融合。首先,要积极鼓励和支持通过国际平台发挥重大影响的本地企业家和学者。其次,要积极鼓励和引导有能力通过合作或合资的方式在国外建立研究中心、收购创新企业的机构,吸引国际优秀人才,获得全球最新技术。最后,要通过多层次、多渠道、多方式进行国内外科技领域的合作与交流,提升并利用全球创新资源的能力,建立全球原始创新的产业转化平台,促进各种创新要素的跨国流动,充分利用全球的创新资源,使开放创新的能力和水平进一步提升。

在新的全球发展模式下,我们将着眼于未来,从全球人才网络的角度思考发展,将战略由"聚集全球人才"向"分布全球人才"转变,实现从建设国际人才高地到建设全球人才枢纽的战略飞跃。

(1)要通过全球视野和开放战略打造全球人才网络。打通全球人才通道,促进人才的对外开放,进而促进人的眼界、思维、知识、技术的开放。

(2)要立足自身基础,关注重点人群,突出竞争的优势。深入实施创新驱动发展,推进更加开放的人才政策,不拘一格引进人才,想方设法用好人才。

(3)要为人才提供具有竞争力的发展机会,创建充满生机和活力的发展环境。要消除人才流入的隐性障碍,进一步完善配套政策设计,为人才的创新创业提供良好空间。

(4)打造具有全球竞争力的人才体系,建立适应全球城市特点的现代人才管理制度。要着眼于人才的实际问题,进一步完善人才评价机制,发挥激励导向作用,使人才的流动更加合理。

(5)把主导产业和战略性新兴产业作为载体,着力形成人才竞争优势。要使人才教育模式不断优化创新,对于激发人的活力创造力更加注重,进一步推进教育综合改革,使高等教育人才培养模式得到转变,提升各领域人才培养质量。

国家之间激烈的竞争具体表现为经济实力的竞争,但实际上还是人才的竞争。随着经济全球化、世界多极化的深入发展,世界各国以科技为基础的综合国力竞争进一步加快,进一步展现了人才在经济社会发展中的重要作用和地位,人才资源的全球分布随着资本、技术等生产要素的全球分布和流动也在加速。从某种意义上说,人才竞争的国际趋势极大影响着中国人才发展的竞争特点。目前,全方位对外开放格局的形成和经济全球化的快速发展为中国人才发展上升到国际竞争层面提供了机遇,也为中国整合全球各类人才资源促进自身发展创造了宝贵条件,赢得了重要机遇。经济的加速发展,对人才资源的开发提出了新的要求。人才是服务经济社会发展的,缺少对人才培养的投入就会缺乏保障。全面推进中国"五位一体"总体布局建设,实现一系列工作目标,人才是关键因素。从目前的需求看,加快产业结构优化升级,促进经济发展方式的转变,急切需要一大批优秀企业家、产业领军人物和各类专业技术人才、应用型人才、高技能人才;增强和提升自主创新能力,建设创新型国家,需要一大批世界一流的科技领军人才和各类优秀人才,这是培养创新型人才的难得历史机遇。

　　经过多年的努力,中国的人才战略总体上得到了比较顺利的实施。在思想观念上,中国的人才战略思想不断完善和发展,公众的人才意识不断增强;在政策体系上,中国的人才政策和法规在进一步完善,初步建立起人才政策框架。中国的人才发展取得了明显的成绩,从人才资源相对匮乏到人才资源十分丰富,人才与经济社会发展的关系越来越重要。人才发展与经济社会发展的关系越来越密切,人才在经济社会发展中发挥着越来越重要的作用,人才发展到一个新的历史里程碑。未来十年是我国全面建设社会主义现代化国家的重要战略机遇期,也是我国人才发展的重要战略机遇期。在看到成绩的同时,我们也要充分认识到人才发展中存在的问题和挑战,准确把握形势,进行科学评估,推动人才事业更好发展。

【案例与讨论】

英国推出无限额"全球人才签证"

　　人才战略性地位和价值目前受到各国前所未有重视,各国纷纷开启新一轮人才战。比如,英国在 2020 年 7 月提出设立国家"人才办公室",设立了 3 亿英镑基金支持各类研发机构,开放了无限额的"全球人才签证",推出超常规的人才新政,不要求申请者来英前就有工作机会,简化一切繁文缛节,大力延揽全球最优秀的科学家、研究人员和企业家。

　　近年来,中美之间的人才竞争展现出更加严峻的态势。特朗普就任总统后,其政府对中国采取了贸易制裁、高科技企业制裁、产业政策施压,并改变移民和留学政策,限制来自中国的 STEM(Science〔科学〕,Technology〔技术〕,Engineering〔工程〕,Mathematics〔数学〕)领域人才,限制中美间科技交流等扼制措施,这些扼制背后本质都是人才竞争。而且中美之争不单单是美国民粹主义抬头、学术界新麦卡锡主义兴起,更是其大国地位受到挑战引致的对中国人才的敌意和戒备。可以预见,中美高科技人才之争,并不会随着其他领导人上台而消失。

　　因此,我们应该清醒地认识到,日趋激烈的国际人才竞争将常态化,中国在全球人才竞争中的作为将受到极大挑战和钳制。与此同时,人才国家间有形的物理流动显著降低,线上人才流动呈几何级数增长,人才共享、员工共享成为新趋势,人才主权时代快速到来。这意味着,人才已经进入全球竞争和共享并存时代,人才的获取、使用和占有的方式将发生根本性改变,智力流动成为人才价值体现和保值升值的主要方式。可以说,当前我国人才工作既处于最好时代也处于最坏时代,如何化危为机,取决于我们是否有全球一盘棋思维,是否在新一轮全球人才竞争中更加开放更加积极主动,而不是因为打压和钳制转而退缩与闭锁。

“卡脖子”困境其实是人才困境

党的十九届五中全会确立了 2035 年进入创新型国家前列的远景目标。据世界知识产权组织等机构发布的 2020 年全球创新指数报告显示,我国的创新力排名为第 14 名,但创新投入维度中的“人力资本与研究”(21 位)、“制度”(62 位)等要素与发达国家相距甚远。这一状况也可以从德科集团等发布的“全球人才竞争力指数”报告中得到进一步印证,2020 年中国人才竞争力在 132 个国家中排名仅为 42。我国虽然拥有较为领先的基础教育系统,在知识技能等方面表现突出,但在吸引人才和职业及技术技能等指标上处于劣势。

科技竞争、创新竞争背后是人才竞争,我国当前各领域所遭受的“卡脖子”技术困境背后是人才和技术的不足。2020 年 6 月,浙江省率先推出“揭榜挂帅”式人才遴选和科技管理体制的改革创新,28 家省级重点企业挂出 29 项技术需求榜单,向全球人才和团队发出“英雄帖”,为关键核心技术攻关选拔出了有能力、有意愿的领军人才,有效实现了人才链、创新链和产业链的融合。这些实践探索让越来越多的企业尝到了全球人才为我所用的甜头。

事实上,全球各创新策源地都具有人才国际化、多元化特征。以美国硅谷为例,近 15 年来,他们吸引了 10 万多名外国移民。硅谷现人口中的 38% 出生于国外,65% 的计算机和数学相关领域人才来自国外,51% 的自然科学研究人才出生在国外。我国要建设创新型国家,聚天下英才而用之是不二之选。

(来源:陈丽君.《如何迎接新一轮全球人才竞争》,光明日报,2021-02-21。)

思考与讨论

(1)各国人才战略管理的最显著特色是什么?

(2)如果让你来选择其他国家的人才战略来学习,你如何使其符合本土特色来服务我国人才战略发展?

参考文献

[1] 习近平.高举中国特色社会主义伟大旗帜 为全面建设社会主义现代化国家而团结奋斗——在中国共产党第二十次全国代表大会上的报告[M].北京:人民出版社,2022.

[2] 姬养洲.营商环境的核心是人才环境:学习习近平总书记在深入推进东北振兴座谈会上重要讲话的思考[J].中国人才,2019(3):22-24.

[3] 陈杰,刘佐菁,陈敏,等.人才环境感知对海外高层次人才流动意愿的影响实证:以广东省为例[J].科技管理研究,2018,38(1):163-169.

[4] 曾双喜.胜任力:识别关键人才、打造高绩效团队[M].北京:人民邮电出版社,2022.

[5] 薛永武.习近平十九大报告的人才战略思想及其启示[J].上海师范大学学报(哲学社会科学版),2018,47(5):40-46.

[6] 杨磊.人才战略:人才发展体系的数字化搭建[M].北京:中国科学技术出版社,2013.

[7] 王成.人才战略:CEO 如何排兵布阵赢在终局[M].北京:机械工业出版社,2020.

[8] 孙锐.构建支撑创新驱动的国家人才优先发展战略体系:探寻习近平总书记人才战略思想[J].中国人才,2018(6):18-21.

[9] 中华人民共和国国民经济和社会发展第十四个五年规划和2035年远景目标纲要[N].人民日报,2021.

[10] 国务院第七次全国人口普查领导小组办公室.第七次全国人口普查公报[R].国家统计局,2021.

[11] 中共中央国务院.国家中长期人才规划纲要(2010—2020年)[Z].北

京:人民出版社,2010.

[12]中华人民共和国科学技术部.中国科技人才发展报告2020[M].北京:科学技术文献出版社,2021.

[13]中国人事科学院.2005年中国人才报告:构建和谐社会历史进程中的人才开发[M].北京:人民出版社,2005.

[14]叶忠海.区域人才开发研究论集[M].上海:上海三联书店,2006.

[15]陈京辉,赵志升.人才环境论[M].上海:上海交通大学出版社,2010.

[16]顾秀梅,胡金华.高职国际化人才培养环境生态重构研究[M].苏州:苏州大学出版社,2018.

[17]张㮾㮾,韩秀元.高新技术产业人才集聚发展环境综合评价研究[J].山东大学学报(哲学社会科学版),2013(5):94-105.

[18]董良峰,姜英姿.人才强国战略下江苏省高端装备产业集群科技人才生态环境建设研究[J].才智,2023(11):1-4.

[19]仇保兴.人才·体制·环境 区域经济转型与对策选择[M].杭州:浙江人民出版社,2018.

[20]徐茜,张体勤.基于城市环境的人才集聚研究[J].中国人口·资源与环境,2010,20(9):171-174.

[21]蒋朝安,孙科柳.人才战略落地:人才发展解决方案与标杆实践[M].北京:电子工业出版社,2022.

[22]褚吉瑞,邵曦.企业人才培养与现代人力资源管理[M].吉林:吉林文史出版社,2022.

[23]李鑫.民营企业引才用才问题研究[M].北京:科学出版社,2022.

[24]秦弋,刘东畅,窦凯.A类人才:从组织社会到网络社会的人才法则[M].北京:电子工业出版社,2022.

[25]童素娟.人才发展治理:国家治理现代化的重要基石[M].杭州:浙江大学出版社,2022.

[26]鲍新中.创新型人才培养模式研究与实践:基于学生个性化发展视角[M].北京:经济管理出版社,2021.

[27]陈书洁.嵌入与内生:我国社会组织专业人才生长机制研究[M].北京:

知识产权出版社有限责任公司,2021.

[28]戴长征.全球治理人才培养:国际经验与中国实践[M].北京:对外经济
贸易大学出版社,2021.

[29]赵丽珍,李普者,杨文顺.当代中国人才战略管理系统研究[M].北京:
科学出版社,2011.

[30]周丹.湖北企业可持续发展研究:基于企业战略性人才管理视角[M].
武汉:武汉大学出版社,2022.

[31]潘平.上承战略 下接人才:招聘管理系统解决方案[M].北京:中国法制
出版社,2019.

[32]余仲华,林活力,毛瑞福.中国人才战略管理评论[M].北京:社会科学
文献出版社,2008.

[33]廖维.先学半个华为:文化、战略、业务、人才管理实践[M].北京:人民
邮电出版社,2018.

[34]朱德建.人力资源管理转型升级与实践创新经营者思维[M].山东:山
东人民出版社,2020.

[35]程勉中.人才战略与高校管理机制创新[J].教育与现代化,2007(1):
42-46,58.

[36]姚志文.人才战略创新与创新型城市构建[J].理论视野,2011(4):
63-64.

[37]李刚.经济不发达地区人才观念更新与人才战略创新[J].太原理工大
学学报(社会科学版),2002(3):11-13.

[38]张续严.基于人才战略管理理念的人力资源管理创新探究[J].营销界,
2021(Z7):81-83.

[39]国敬.创新供电企业人才战略管理模式[J].中国电力企业管理,2017
(5):34-35.

[40]吕超.我国尖端科技产业自主创新人才战略管理研究[J].科技和产业,
2008(4):49-53,73.

[41]保罗·阿姆斯特朗.低风险变革,技术迭代中的企业新定位[M].李妍,
译.北京:人民邮电出版社,2019.

[42]王伟.人才管理机制存在的问题和创新探讨[J].沈阳大学学报,2006
(3):17-19.

[43]保罗·罗伯托·费尔德曼.拉丁美洲企业管理,全球化带来的机遇与挑
战[M].复旦发展研究院金砖国家研究中心,译.上海:上海社会科学院
出版社,2022.

[44]桂天晗,薛澜,钟玮.全球治理背景下中国国际组织人才战略的思考:基
于对联合国人事数据及工作人员访谈的实证分析[J].清华大学学报
(哲学社会科学版),2022,37(5):193-207,213.

[45]刘宏,王辉耀.新加坡人才战略与实践[M].北京:党建读物出版
社.2015.

[46]蓝志勇,刘洋.英国人才制度与人才发展战略[M].北京:党建读物出版
社.2016.

[47]郭玉贵.美国全球人力资源战略的历史演变与启示[M].北京:党建读
物出版社,2015.

[48]陈振明,陈芳.加拿大人才发展战略[M].北京:党建出版社,2015.

[49]刘宝存,钟祖荣,刘强.国外人才培养与开发[M].北京:党建读物出版
社.2016.

[50]商务部跨国经营管理人才培训教材编写组.中外企业国际化战略与管
理比较[M].北京:中国商务出版社,2018.